手相家 MICHIRU《ミチル》

1 旅立ち編

原作・監修 西谷 泰人
漫画 miyako
協力 アメノマイコ

SOBUN

手相家MICHIRU《ミチル》1〈旅立ち編〉

目次

この物語に登場する人物は実在の人物であり、
その実体験を元に描きました

第1章　目覚め

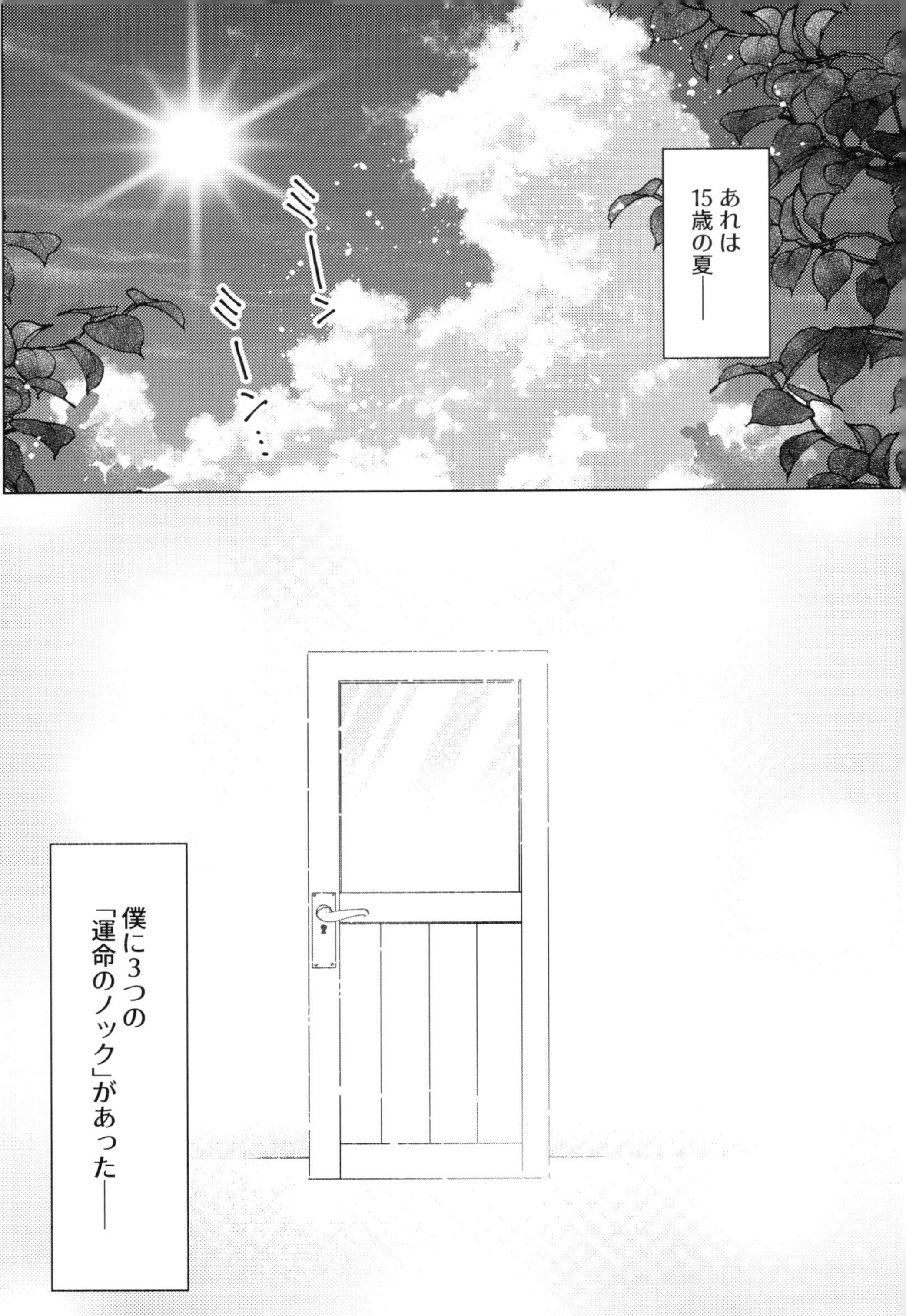
あれは15歳の夏——
ミーン
ミーン…
僕に3つの「運命のノック」があった——

KNOCK.1
みちるー
なに
河本
ちょっとさ
手相
見せて
くんない？
手
相
？
は？
なんで〜？
いい〜から
い〜から
ほい

うーん
この手相は…
……
俺には
わからんっ
は？
いやー実は
親が手相
みるの趣味で
家の本棚
手相の本
だらけでさ
ああ
オマエんち
旅館だったっけ
わかりやすい手相
すごい手相
初心者の手相
手相を読み
手相学
よくわかる手相
手相のすべて
手相の見方
○○出版
○○社
だからちょっと
かじって
みたんだけどー
オマエの手相は
謎だわ
変わってんな
え

ふーん
手相ね…
今まで
意識したこと事も
なかった
これが
つーか
気になる
じゃん
「謎」って…
第1のノック——

KNOCK.2
夏休みが明け—
久しぶりー
暑いね
めっちゃ
焼けたじゃん
ガラッ
えーーーー!?
そんなワケ
ないじゃん!!

わい
わい
ホントだって
夏祭りに手相占いの
ブース出ててさ
オレは
78って
言われた
占ってもらったら
寿命83だって
マジかい
あたしも見て
ほしかったーー
また手相…
世の中に
不思議な事が
あるのは知っている
興味がない
わけじゃない
だけど――

手相って一体どこまで分かるんだ？
まさか寿命って
これが
第2のノック――
N技術コンサルタントK.K.
KNOCK.3
みちるおかえりー
ただいま
あ高木さんこんにちは
そちらは？

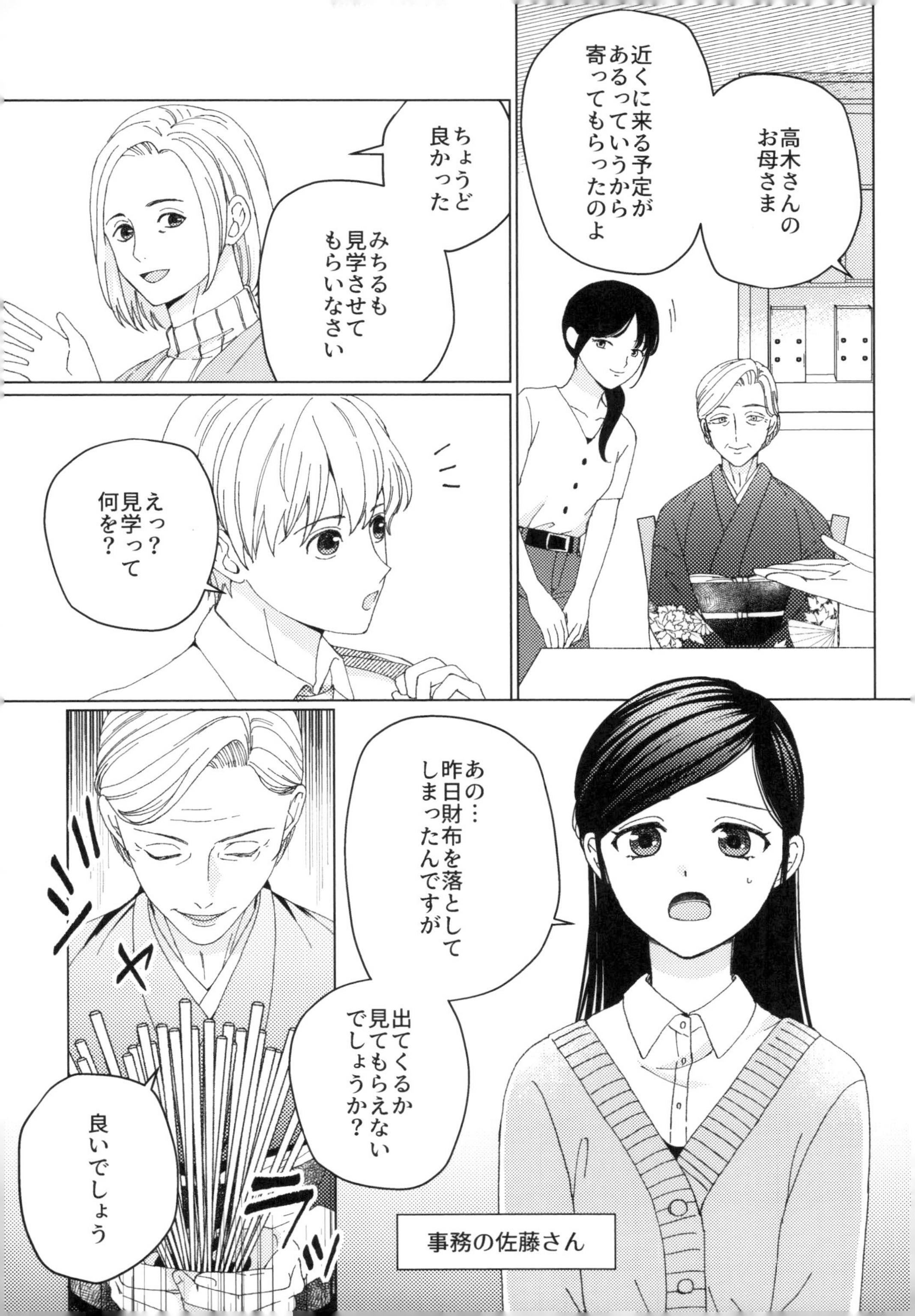
高木さんのお母さま
近くに来る予定があるっていうから寄ってもらったのよ
ちょうど良かった
みちるも見学させてもらいなさい
えっ？見学って何を？
あの…昨日財布を落としてしまったんですが
出てくるか見てもらえないでしょうか？
事務の佐藤さん
良いでしょう
ジャ
ジャラ

なんだ…？
竹…？
ジャラッ
ジャラッ
ジャラ!!
うーん
この財布は…
西の方角より
連絡ありて
無事に出てくる
本当ですか!?
いや
まさか
そんな…
RRRR…
ガチャッ
はいそうです
えっ？

見つかったんですか!?
はい
はい
ありがとうございます!!
○○交番から財布見つかったって!!
え…?
○○交番って
ここから西の方角——!!
えーーっ!
ニコッ

ドクン
そんな事があるのか——!?
ドクン
でも僕は今この目で確かに
ドクン…
高木さんのお母さんはね
とにかくよく当たる占いの大家さんなのよ!!
どれ あなたも少し見てあげましょうか?
ニ
じっ
両手を見せて
ニ
え また手相?
…

は…ハイ
あなたは
これから
今はまだ
形のないものを
生み出す
そして
それが
多くの人を
救うでしょう
お母さん
この子は
大成するよ
楽しみだねぇ

あの それって どういう
自分の手に お聞きなさい
これが――
第3のノック――…
「手相見せてくれない？」
「お前の手相は謎だわ」
「寿命83だって」
「オレは78って言われた」
きっと手には
手相には何かある

知りたい
知りたい——!!
それから僕は何かに導かれるように手相の研究に没頭していき
普段は主に
父と母が経営する会社の社員の人たちの手相を見させてもらっていた
なにみちるくん手相見るの？
オレもみてよ
えーあたしも
けど——

田中さん28歳で結婚しました？
いや31だけど
鈴木さんは少しネガティブになりがちだと…
んーどっちかってゆうと楽天的だな！ハズレ！
好きなタイプは気の強い人？
全然むしろ苦手
ことごとく当たらない…
ザッ
そり…
もう何人見た？
どの本もデタラメじゃねーか…
やっぱり自分で見つけるしかない!!
本当の答えを――！
手相

その後も
手相への興味は
尽きることなく
進学のため
上京した僕は
cafe
Bonheur
オカルト好きの
マスターのカフェで
お客様の手相を見ながら
日々研究を続けていた
ガチャ
おはようございます
あれ
目が赤い
また夜な夜な
手相の勉強？
程々になさいよーー
ハイ…熱中すると止まらなくなっちゃって
はい…でももうすぐ何かつかめる気がして

カラン…
いらっしゃいませー
この子手相の研究してるんだけど
よかったら見てもらってお話聞かせてくれない？
えーそうなんですかーぜひー
カフェには様々なお客様が来る
鑑定は短い時間だけどたくさんの人の人生の物語に触れる機会があった
ご老人
大病した人
主婦
子だくさん
経営者
海外経験豊富
なるほどこのパターンの印の人はこういう傾向が多いな…

だけどもっと僕は
より具体的（詳細）で
確実な「正解《こたえ》」を見つけたいんだ
どうすれば――
…!?
ん…？
ポゥ…
え…？
なんだコレ
光ってる…？
ばっ

グワン
21
なんだ!?
これは――!!
グワン
グワン
「21?」
「21」ってなんだ?
グワン…
はっ
もしかして
この光ってる位置が
21歳を表すってことか――!?

昨日のアレは何だったんだ…
cafe Bonhe
もしあの位置が21歳だとしたら――…
でも21だけ分かってもな…
あのーー
手相見てもらえるんですか？
ハイ でもまだ研究中なので お客様にお話を伺って統計を取ってるところなんです
うーん どちらかというと控えめな性格ですね
そうですー あまり目立つのとか好きじゃなくて
ご結婚はされていますか？
してます 30の時に

なるほどこの位置にこの線
フムフム…
カラン
楽しかったですありがとう
次のお客様お待たせしました
とてもサッパリされてますね細かい事にはこだわらない
アハハそうなのよー
あれ…
さっきの方と同じ位置に同じ線がある
あの…失礼ですがご結婚は？
ああしたわよ30で
！

なにどうかした？
いえ…
もしかして
ここが21・30だとすると…
中川さん(45)
そしてまた別の日——
あの…
もしかしてご結婚は27歳の時じゃないですか？
えっ!?そうですスゴーイ
見つけた…！
やっぱり手に全て書いてあるんだ——!!

最近よく当たるようになったって評判じゃない
うーんでも…
人生の前半の出来事はだいたい合ってるんですけど
人生の後半の出来事の年齢がどうも微妙にズレてるっていうか…
研究熱心だねーガンバレ若者！
もうちょっと正確な答えを導きだしたいんですけど
ここが21
ここが30
あ〜っ
ホンットに
わいわい

この歳になると1年があっという間でねえ
ついこの間まで桜が咲いてたと思ったらもう紅葉の季節だよ
イヤんなっちゃうよまったく
歳を取ると時間の感覚が短くなる――？
すみません
あの、僕手相を研究してるんですが
よかったらお話聞かせていただけませんか？

だんだん
分かってきたぞ…！
「あたしは
60の時に
旦那と
別れてね」
「私は65で
胃の手術を
したのよ」
ドクン
近づいている
もうすぐ
ドクン
完成する――!!
ドクン…

どよん…
注・みちる
ちょっと前にも増してクマすごいよ
ふら
へへ…完成まであと少しなんですけど
どうしても分からない事があって…
ふら
今日はもういいから帰んなさい
フラフラ…
ハイすみません…
ガンッ
大丈夫か…？
ばふっ

教えてくれ
答えがほしいんだ
今までの経験と
僕に関わってくれた
人達の人生のデータ
何か
ヒントは
ないか
絶対に
無駄にはしない

ん…?
夢…?
100
52
30
21
チカッ
55
29
チカッ
21
40
わかった
点と線がつながった
年齢の数え方
ついに——

これが

流年法

ついに完成したぞ——!!

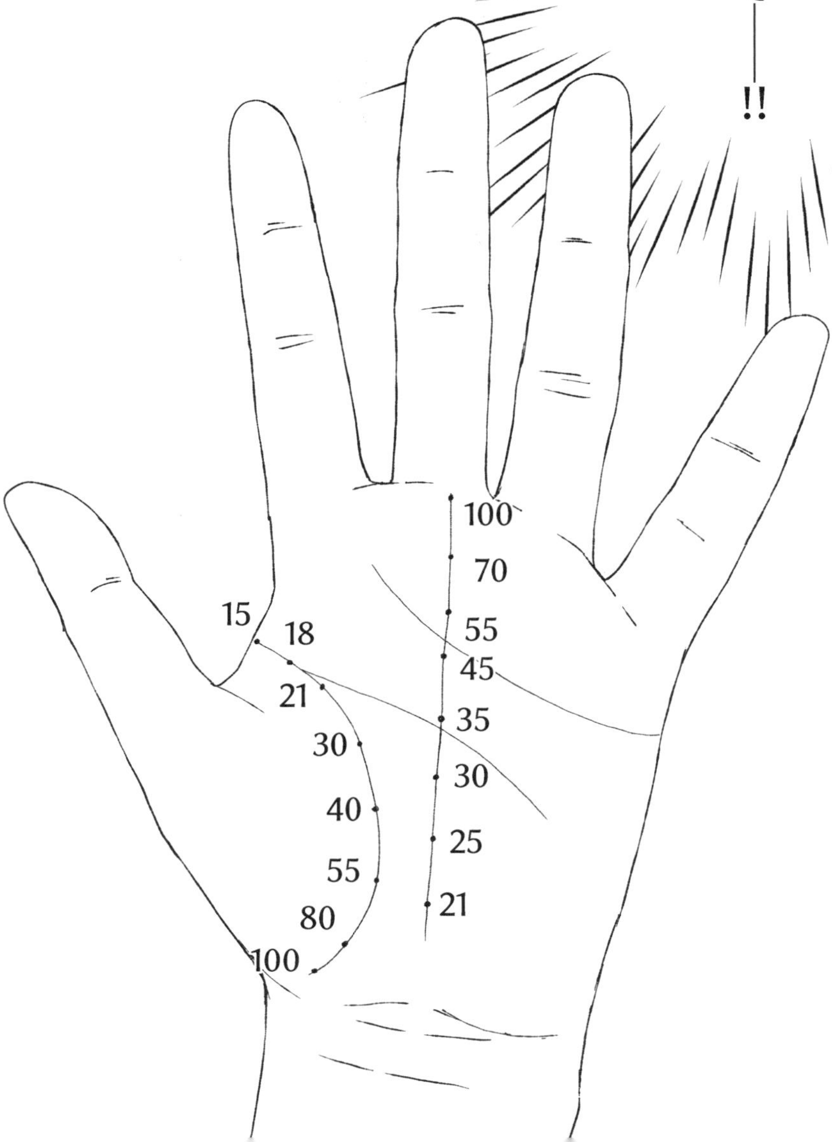

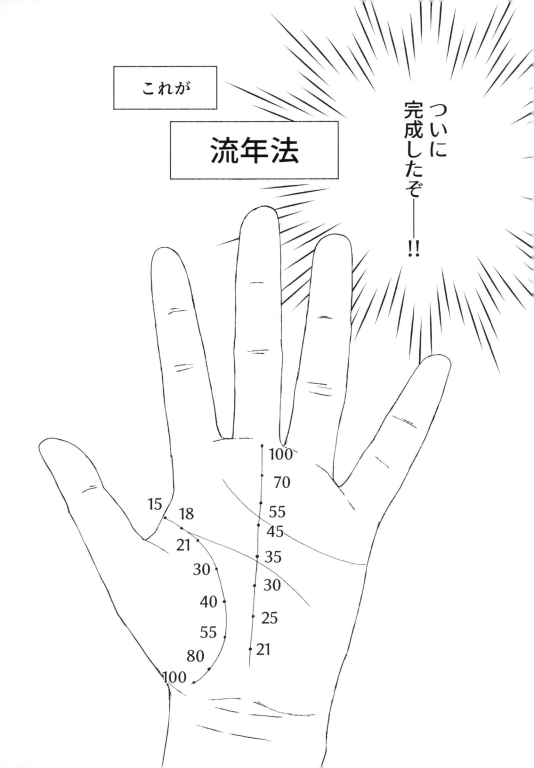

へー
最後は結局
夢のお告げねえ
なんか別の領域の意識というか手相が語りかけてきたっていうか…
一つの事を突き詰めて行くとそんな事も起こるって事か
不思議だわー
マスターはオカルト大好き
マスター楽しそうですね
まあ何はともあれ良かった良かったみちるの苦労も報われたし
きっと神様からのギフトだね

神様からの
ギフト――
人生でいつ何が起こるか特定できる
MENU
手相鑑定-3000円
「流年法《りゅうねんほう》」を発見した僕のもとには
連日お客様が溢れ――……
こんにちは
今日はどういう
アナタすごいわね!!
えっ?

半年前アナタに見てもらった同僚のS子！
36で結婚して人生がガラリと変わるって言われてホントに36で結婚したの!!
へぇ…
しかもね!!
結婚と同時にご主人のイギリス赴任《ふにん》が決まって
来月からロンドン暮らしよ！
全然そんな兆《きざ》しもなかったのに電撃よ！
もうビックリしちゃってー
それは良かったですね
時には自分でも驚くほど的中率が上がっていった——……

ある時はこんな方も——
どれ見てもらおうかな
これは…
失礼ですが今おいくつですか？
えっ？54だけど
すぐに病院に検査に行って下さい腸の検査を！
このままだと一年後に生命の危機と出ています

後日――
RRR…
みちる
この間の
お客様から
電話
兄ちゃん
ありがとう!!
最初は正直
半信半疑だったけど
気になって
言われたとおり
病院に行ったんだ
幸い転移は
してなくて
手術でなんとか
なりそうなんだ
医者からも
あと数か月
遅かったら
危なかったって
言われてよぉ
そしたらなんと
腸にガンが
あってさあ
アンタは
命の恩人だ!!
良かった――
そんな…
大げさですよ

またある時はこんな事も――
最近付き合い始めた彼がいるんですけど
その彼と結婚できますか？
うーん…えーと…
あの
あなた今妊娠してます
!?
えっ妊娠…!?
でもまだ結婚の予定なんて…親にだってまだ紹介してないし…
確認してみて下さい
ガタッ
数日後――…
やっぱり妊娠してました
もう周りみんな大騒ぎで
今大変な事になってます
その後無事結婚されました

僕の手相読みのスキルはみるみる上達していった
よし精度が上がってきてるぞ
カラン
こんにちはー
こちらの手相占いがよく当たるって聞いて
母が来たがっていたんです
カサカサ
へー5人もお子さんがいらっしゃるんですか
そうなんです全員女の子で
私は四女です
えーとお子さんが生まれたのは21歳と…
23歳終わり頃
26歳
28歳
30歳前半
……32歳
ピクッ
そうですその通りです
えー！やっぱりスゴイねー！
アレ？

一人多い…？
…あなたには黙ってたけど
32歳の時の子供は
流れてしまったのよ
え……
やっぱり手相には刻まれているんですね
来てよかったです
その後も色々な人の手相を見ながら経験を積んだ僕は
様々なイベントに呼ばれる事も増えていった
○出版記念パ

コッ
コッ…
初めまして
見ていただけるかしら
これは…68歳で色々な苦労から開放されたと出ています
あなた当たるのね！
分かって頂けましたか僕の実力
分かってますよ
だけど噂《うわさ》どおりあなた…本物ね
68歳は私の人生の大転換期——まさに苦労から開放された年なの

その年に
長年介護していた
兄と母が
次々に亡くなって
30年続けた
お店も
閉めることに
したの
そうだった
んですか…
手相を見ると
ご苦労されたのが
よく分かります
ありがとう
ニコッ
日々
自信が
ついていった
もしかしたら
僕は
日本一の
手相家に
なれるんじゃ
ないか？
そんな淡い期待を
抱いていた
ある日——
cafe
Bonheur
ねえ

あなたに紹介したい人がいるんだけど会ってみない？
世界には三大霊能者がいてその中の一人なのその中の一番若くて実力も断トツなのよ
渋谷に人の前世《ぜんせ》や守護霊《しゅごれい》が分かって除霊《じょれい》もできる先生がいるの
へぇ…
大丈夫！みちる君のことは伝えておくから
妙に興味が湧いた
この日はどうかしら
大丈夫です
前世…守護霊…
そういうのって本当にあるのかな
カラン…
いらっしゃいませ…
あ！

山田先生!?
みちる!?
久しぶりだなー何年ぶりだ!?
知り合い？
ハイ姉の同級生で中学時代の美術の先生だったんです
もう先生じゃないけどな
えっ？
実は教師辞めて3年前に上京したんだ
俺ホントは俳優になりたくてさ

どうしても夢を諦めきれなくて今こっちで暮らしているんだ
でも全然うまく行かなくてさ
よく当たる手相家がいるって聞いて来てみたら
まさかみちるだったとはな
え…ええーーーー!?
先生…なんか雰囲気変わったな…
顔色も悪いし
じゃ頼むよ
うーん行き詰まってるな…
金運の線も薄いし病気の線も出てる…
先生、今体調があまり良くないんじゃないですか?
全体的にエネルギーが弱いというか…

!
あと…失礼ですけど
金銭面でも苦労
されてるように
お見受けしますが
そうなん
だよ！
東京来てから
何かと
不調でさ
役者の仕事も
全然ダメだし
右の肺気腫《はいきしゅ》にも
なって
しんどいし
みちるの
言う通り
金も無い
借金すら
ある
俺は
どうしたら
いいんだ…
元教え子に
こんな姿まで
見られて
情けないっ
うおおおおお
この人
こんなキャラ
だったっけ？
うーん…

あ！
もし
良かったら…
？
はい
ありがとう
ございます
では二人で
伺います
よろしく
お願いします
そして僕は
山田先生と
二人で
「前世や守護霊が
分かる」という
方の元へ会いに
行く事になった
初めまして
今日はよろしく
お願いします
こんにちは
リサです
なつきと
いいます

お話は聞いていますよ
どうぞおかけ下さい
緊張するな…
ではまずあなたの方から
は…はい!
じっ…

——しらくもの
たなびくみやは 晴れぬるを——
え？ なんだ？
和歌？
やまかげに—— 我が やすらぎの もとありて——
10も20も 和歌が 出てきた
それに 何だ？
この澄んだ 空気——…
あなたの前世は 過去に比叡山《ひえいざん》で 修行した歌人——
「僧正《そうじょう》遍昭《へんじょう》」と いう方です
僧正 遍昭
え…？
あなたが今世で 貪欲《どんよく》に真実を 追及する性格は この方の影響が 大きいですね

輪廻転生《りんねてんしょう》という言葉を知っていますか？
人は生まれ変わりを繰り返しています
前世でやり残した事を今世に持ち越してきたり
魂の成長の為に新たな人生を与えられ再び生まれてきたのです
やり残した事——？
戦乱多き俗世《ぞくせ》を離れ比叡山で修行されたこの方は
死後ご自身の過ちを悟ったそうです
山で修行を積むことも大切だが
もっと巷《ちまた》に降りて人々に真実の道を説くべきだった……と

人々に真実の道を説く――？
※僕（みちる）は18歳の時からこの前世の影響が強く出て来ていると言われ、その年から僕の顔がなつき先生の描かれた遍昭ソックリに変わった
そして人生とは何かについていろいろな本を読みあさるようになった
では次に守護霊を見ていきましょう
お名前は「大伴家持《おおとものやかもち》」
あなたのご先祖様にあたる方――
歌人でもあり政治家でもあった方です
あなたに伝えたい事があると――
ゴクッ…
「人間は生まれて死ぬまで天命は定まりそれを陰界から探《さぐ》る」
「ここに汝《なんじ》の思い違いがある」
思い違い…？

「人は善徳・信徳・知徳によって命運は改められる」
運命は
変えられるってことか…？
「これに上まるものこそ信仰力であり神徳なのである」
「よくこれまでの方向の実をさぐり真を求め布施《ふせ》のための手相鑑定・提言・示唆《しさ》でありたまえ」
「われは言語の才・文章の才・神の真摯なる心得をもたらすべく知らせ導くものである」——家持《やかもち》
頼りになる守護霊さんね
ハイ…ありがたいです

今回
あなたをここに
連れてきたのも
この方よ
もうお一方
あなたに大きな
影響を与えている方が
いらっしゃいますね…
えっ
守護霊って
一人じゃないんですか？
はい
どの方にも
メインで守って
下さる守護霊と
能力をサポート
して下さる
指導霊《しどうれい》が
数人はついて
らっしゃいますよ
へぇ…
ヨーロッパ…
ユダヤ人
お名前は…
「シュバット・
フェルツェン」

有史以来
最高の手相家
として活躍し
この方が手相を
見た人には
三人の天使が
ついて
その方を
幸せにすると
いう力を
持っていた方です
そんな人が
僕に——
!?
「指は太陽系の
惑星の波動を
受けるアンテナ」
「手相は
手のひらに描かれた
ホロスコープである」
そう
おっしゃって
います
本当に——
…!?
みちる…オマエ
すごい人に
守られてるんだな

ウッ！左肩が痛いですね
サラサラ
この方に見覚えは？
あハイ
ここのところ左肩がやけに痛くて…
あ…大学の友達のヨシオだ！
あなたの才能を妬《ねた》んでいるようですね
「オマエばっかいい思いをしやがって」
！
そのセリフついこの間言われたばかりです
なんだ…？先生の仕草や顔までソックリ…

この方が飛ばす念のせいで体調に影響が出ているようですね
いわゆる「生霊《いきりょう》」です
い…生霊!?
あなたのような人とは違う事で活躍されている方は
どうしても他人からの念を受けやすい
妬《ねた》み
依存
助けてほしい
ど…どうすれば…
もう一人…しつこいのがいますね
これは根深い
前世からの呪《のろ》いです

13世紀末頃―― あなたはフランス一の占い師だった
当時フランスの占い大会であなたに負けた占い師が黒魔術《くろまじゅつ》をかけているようです
少し手強《てごわ》いですが大丈夫
ウンサンメイラー ギャーテートー ×××××××××××××××××
なんだ…?
何かを唱《とな》えてる…
ぐしゃ

さっきの似顔絵の紙…
ビーッ
ぐるっ
テープで紙をグルグル巻きに…？
まさかこれで生霊を封《ふう》じ込《こ》めているのか——…？
あれ？
肩の痛みがなくなってる…
コロン
これで大丈夫です
では次はあなた
ハ…ハイ！

前世はイタリアで商業デザイナーをされていた方です
へぇ～！
だから山田先生は絵がうまいのか元美術教師だし
ただ少々色を好みそれが原因でご苦労されたと…
守護霊は…
…………
このバカ者!!
カッ
ビクッ
ビクッ
バカ者

この守護霊様相当怒ってらっしゃいますね
山田先生…
ガク
ガク…
バ
臨済宗《りんざいしゅう》の僧侶《そうりょ》をやってらした白妙《はくみょう》という男性です
「我《われ》は山田家の先祖なり」
「向上心は神の宝にして怠《おこた》りは悪魔の道なり」
「何事によらず向上の糧《かて》として歩み
一日として休むことなかれこのバカ者！」
ギ
ビクッ
ッ

心当たりは…ありそうですね
今俺が何かと上手くいかないのも
その…何か理由があるんでしょうか
サラサラ
あの…
「私と結婚してくれるって言ったじゃない！」
さやか…
「なんで他の女と遊ぶの!?」
茜《あかね》…
「信じてたのに…浮気とか絶対許さないから!!」
ル…ルミ…

こんな強い恨《うら》みを受けてたら何かと妨害されるし体も壊れるわけよ
ぐしゃ ぐしゃ
山田先生…
ごめんなさいっ
ん?
なんか臭《にお》わない?
うっ…この臭いは
くさっ
オオオオ
パサ
助けて…くだされ…

どうやらこのご先祖様の念もあなたの不調の一因になっていますね
この方は生前金の亡者《もうじゃ》で多くの人から恨まれていたようです
そのため死後肥溜《こえだ》め地獄《じごく》に落ちています
ウッ…
ゴホッ
ええーーー?!
お金=糞便《ふんべん》
人は無意識のうちにどちらも汚いものとして認識しているのです
ウンサンメイラーギャーテートー
ウンサンメイラーギャーテートー
救ってください早く!!
わーっ

ス
ウ・・・
人の運命は
見えない世界の
影響を大きく
受けている——…
部屋の空気が一気に
澄み切った……

今日は本当にありがとうございました
僕、ずっと考えてたんです
今までたくさんの人を鑑定して
運の良い人や悪い人才能を十分生かせている人とそうでない人
その違いは何なのかなって…
それはね
平等の不平等の平等よ
え…？

人ははじめは平等だけど
ある人は努力して成長し
ある人は怠《なま》けて伸びずに結局不平等になったの
つまり不平等が平等ってこと
そうか…僕も頑張って手相の研究を究めます
じっ
今のあなたの手相家としての実力は
日本で3位世界で17位です
えっ…

3年後に世界一になると
神様がおっしゃっています
やっぱり上には上がいるんだ…
くぅ…
「私はたくさんの人を救う使命を持って生まれてきました」
あなたの魂がそう言っていますよ
それ——前にも誰かに言われた気が…
あなたが今後危ない時はいつでも私を心の中で呼んで下さい
またお会いしましょう

不思議な空間だったな…
ありがとう！みちるのおかげだよ
いや僕は何も…
でも山田先生の裏の顔が知れて良かったです
それを言うなってー!!
ただ手相を読むだけでなく
その周りにある「運命学」を知らなければ本物の手相家になれない
そう思った——

その後
山田先生の病気は
急速に回復し
デザイン事務所を
立ち上げ軌道に乗り
金運は良好に
俳優の仕事も
入るようになり
結婚して幸せに
暮らしているそうだ
改心しました
いらっしゃいませー
もっと
上を目指そう
世界で通用する手相家に
僕はなるんだ――!!
こんにちは
それでは
手相を見せていただけますか？

手相家 MI《ミ》CHI《チ》RU《ル》 手相解説

第1章 みちるの体験した手相の実例紹介

ここに登場する人々はすべて実在の人物です。
体験談もそのまま再現しました。

解説・挿絵 西谷泰人

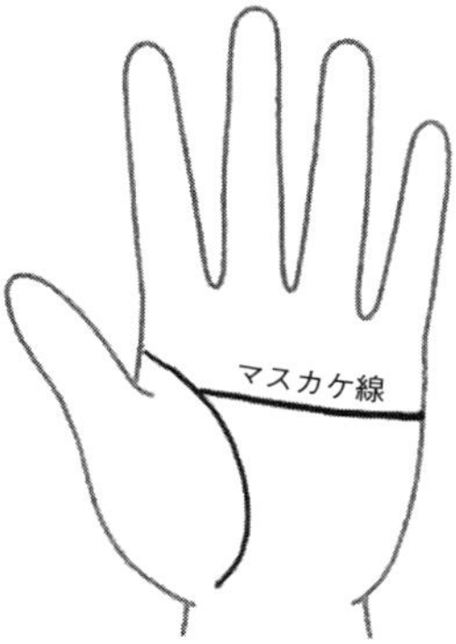

みちるの手相

3つのノック

★「3つのノック」とは!?

天や潜在意識から人への知らせの方法で、3回気付かせる出来事を起こして知らせるというもの。「くしろをとる」ともいいます。

何かに迷っていたり、答えを求めている事に対し、天や潜在意識が、人の言葉やニュース、新聞・雑誌、夢や占いの結果、印象深い現象・出来事（＝現象占いという）などで答えを示すことが多い。

みちるの手相が謎……という訳は!?

★みちるの手相は両手マスカケ線

その為、手相の勉強を始めたばかりの同級生の手相の力では、100人中に数人の珍しいこの手相は、分からなかったのでした。

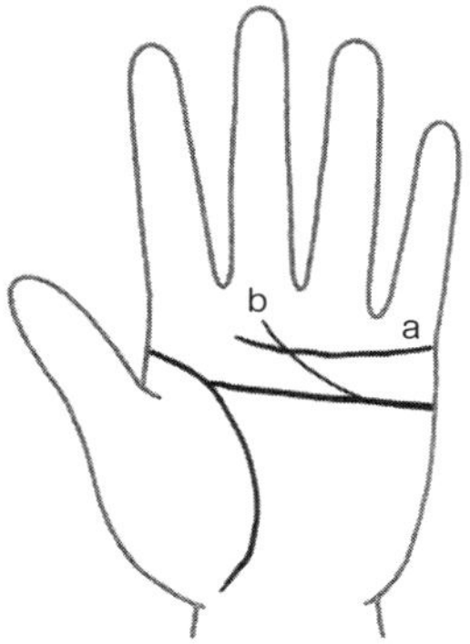

みちるの二重感情線

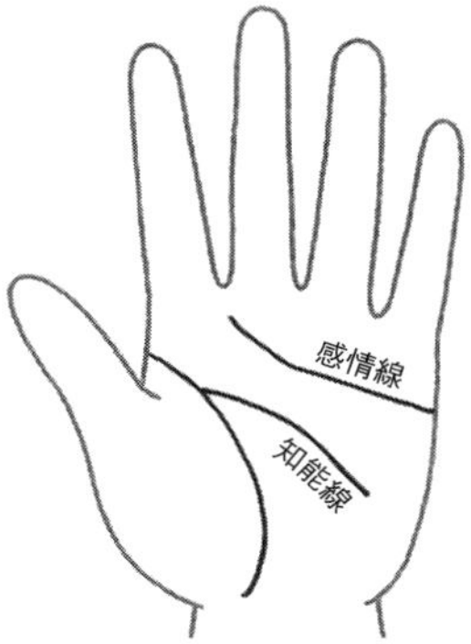

基本的手相

★マスカケ線

手のひらを横断する線で、マスカケ線といいます。
この線は、上の基本的手相の知能線と感情線の合体線で、１本の線になって描かれるもの。
この相の人は、ユニークな才能の持ち主で、スペシャリストの手相です。
一芸に秀で、その好きで得意な分野に進めば、大いに才能を発揮し、大成します。
しかし、何の目標も無い人でこの相だと、チョッと変わった人に。

★みちるはマスカケ線の変形で、二重感情線

みちるの手相は、マスカケの変形であり、マスカケ線の上に出た感情線ａと別に、更にもう１本別の感情線ｂがあります。
つまり２本、図のように出ています。正確には三重感情線です。
感情線が２本以上あると逆境に強く、困難を乗り越えるのが得意！倒れるまで頑張る人。チャレンジにつぐチャレンジをしていく生き方が、その能力をフルに発揮する生き方となります。

易＝竹を使った占い

※手相を左手のイラストで表示していますが、左右両方を見てください。
c

さらに加えて知能線もある

★さらに二重知能線

みちるの手相は、マスカケ線に加え、もう1本知能線cがあります。手相家であると同時に、音楽をはじめ多分野で才能を発揮していく相です。

易占いとは!?

★易《えき》占い

陰と陽で組み合わさる事で生じる64卦で過去から未来、さらには物事の吉凶、状況、行く末を判断する占い。

今回登場したのは、竹＝筮竹《ぜいちく》を使った、本格的な易占いでした。

易の中には、サイコロやコインなどで占うケース・方法もあります。

手相の流年法とは⁉

★流年法《りゅうねんほう》

いつ何が起こるのか手相で読み取る測定法。

手相の流年法（年の測定法）は、特に生命線と運命線で詳しく測ることが出来ます。

その他、感情線や知能線、太陽線、結婚線の流年もあり、私はそれらも解明していますが、生命線と運命線の流年だけで、かなり詳しく人生のシナリオを読み取れるので、その二線の流年をフル活用して年齢を測定します。

★生命線の流年は、21歳の地点が一番重要

この位置を正しくとれる事で、一年の誤差もなく、正確な年齢測定が出来るようになります。

この流年21歳は、実際に手のひらの21歳地点の点滅で、教えられました。

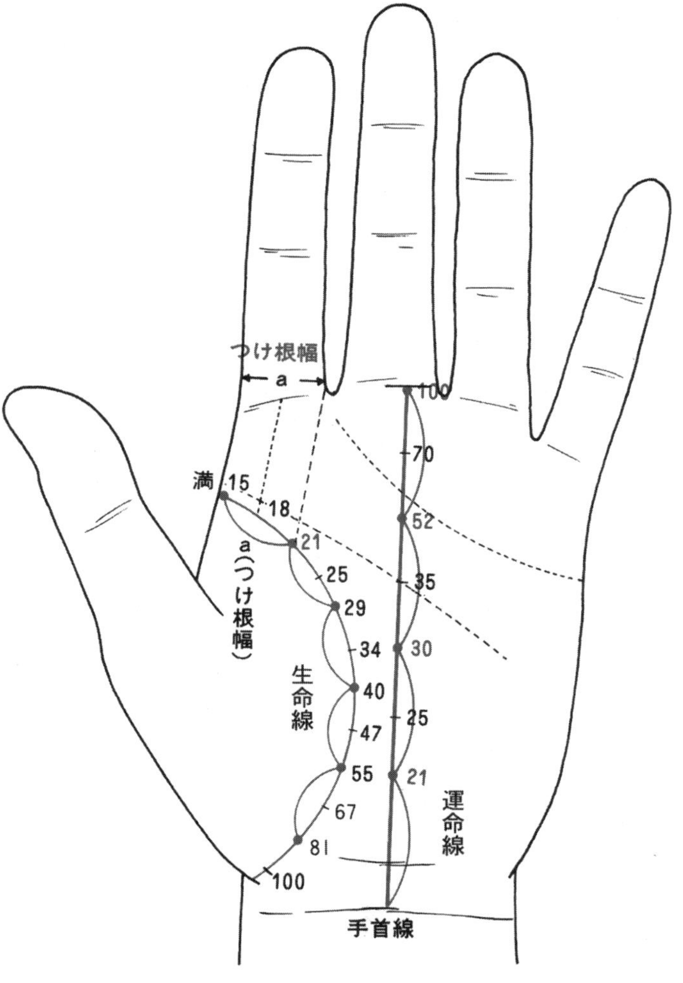

みちる解明の流年測定法

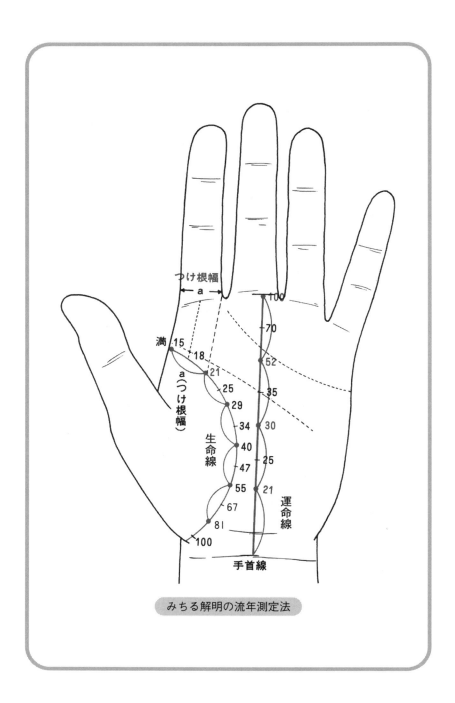

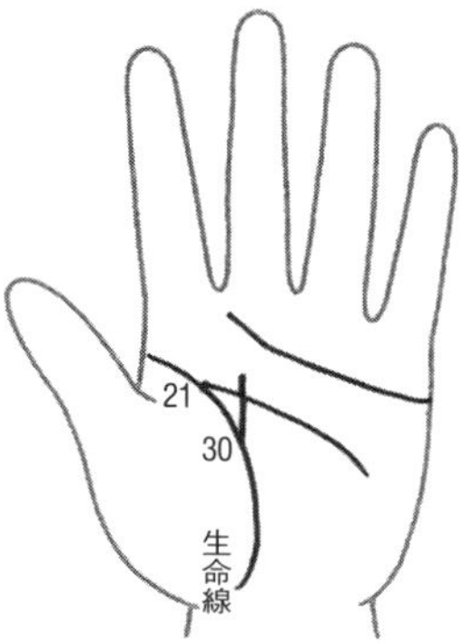

結婚や起業の印・開運線

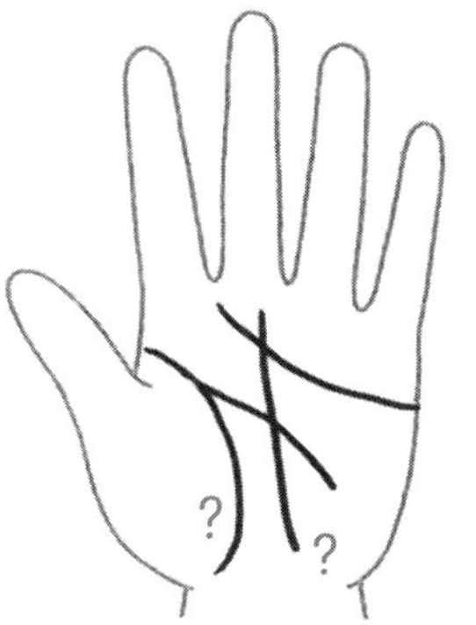

流年、という言い伝えは
あったが、デタラメ！

★運命線の流年は、35歳の地点が一番重要

この位置を正しくとれるようになることで、正確に年齢の測定が出来ます。

知能線の形により、人それぞれ35歳地点が知能線の上になったり下になったりします。多くは知能線のちょっと上が35歳になります。

★伝承されている「流年法」の真実

流年法に関しては、手相の伝承の中に、年齢を読む「流年法」というものがあるらしい、というような言い伝えで聞く程度です。

実際に正しい流年法が使えた手相家は、世界中に一人もいなかったのです。

その為、みちるはゼロから手探りで流年を探求していきました。

結婚や起業などの年に出る印

漫画の中で、みちるが流年を次々発見・解明していきますが、その流年解明に一番のヒントになったのが、上記の「開運線」です。

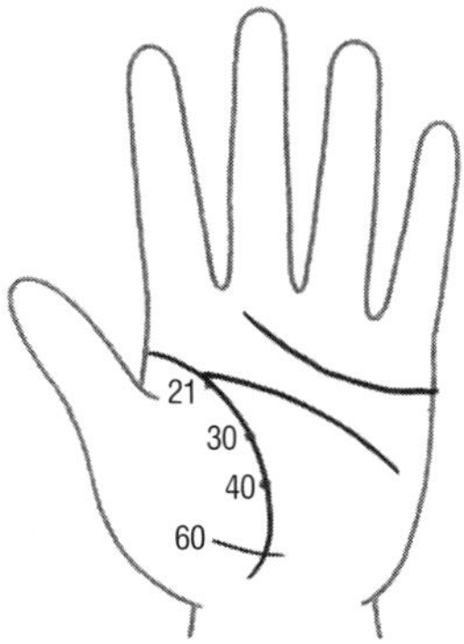

60歳で離婚の印
（この方のケース）

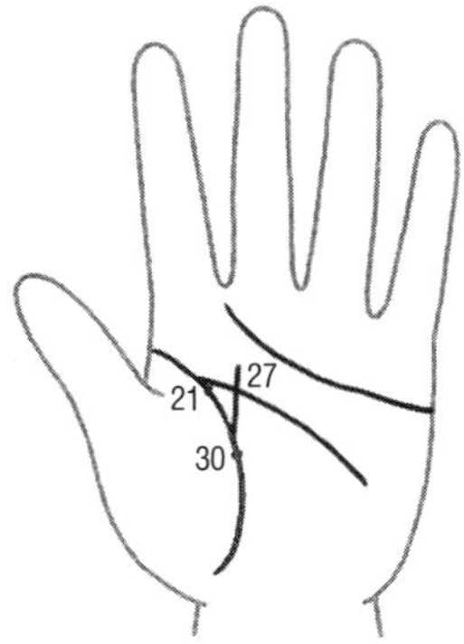

27歳の結婚の印は、
この位置に

★開運線

生命線上に上がる縦線が開運線です。

この縦線が上がった生命線の流年（年齢）で、結婚や起業、受賞や家の購入、出世など、人生上の飛躍や、幸運が訪れます。

中にはやっと離婚が出来た！　などのケースもあります。

つまり本人にとっての長年の願いが叶った、という印です。

※生命線の21歳の位置が判明していたので、30歳の結婚の人が2人続き、生命線の30歳地点を正確に確認した後、27歳地点の開運線で結婚した女性が現れて、ピタリと27歳を当てています。

これにより、生命線の21～30歳の間の流年（年齢位置）は完成！

こうして、時間をかけて流年を発見していきました。

★離婚の印は!?

離婚の印は幾つかありますが、この公園で会った女性の場合は、生命線の60歳地点を、親指側から出た短線が切っていました。

★胃の病気の印は!?

胃の手術は、生命線の下部（流年65歳位置）を、キレギレの胃病の

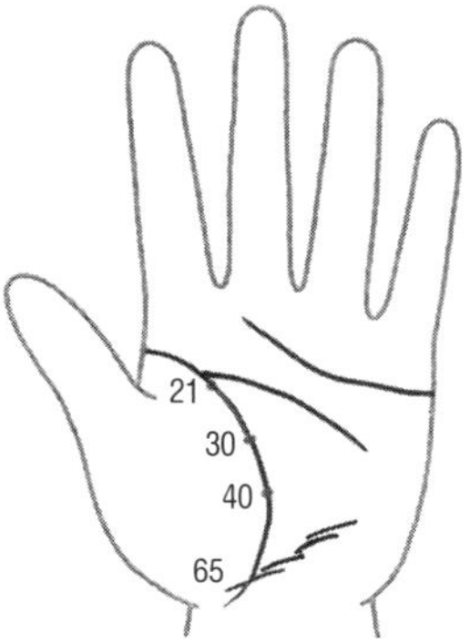

65歳で胃の手術の印

印が切っていました。こうして65歳の位置を確認しました。
※その際に、20代と60代では、生命線上の1年幅が、全然違う！ 年齢と共に急激に1年幅が縮まる（高齢になると1年があっという間に過ぎ去る、という意味）ことを痛感したのでした。

年を取るほど時間は速く進む「流年法」の秘密

私が流年法を解明するにあたり、大きなヒントは、先ほど紹介した公園であった70代の女性2人でした。
その彼女たちの会話の中に、
「この年齢になると一年があっという間でね」とあります。
年を取ると、人は人生を高速で走っているように感じます。

★手相の流年法

年を取るほど時間は早く進んでいる感覚の通り、中年・晩年となるにつれ、手相の1年幅は短くなっていきます。
潜在意識の自覚する時間は、10代より30代は2倍、50代は4倍の早

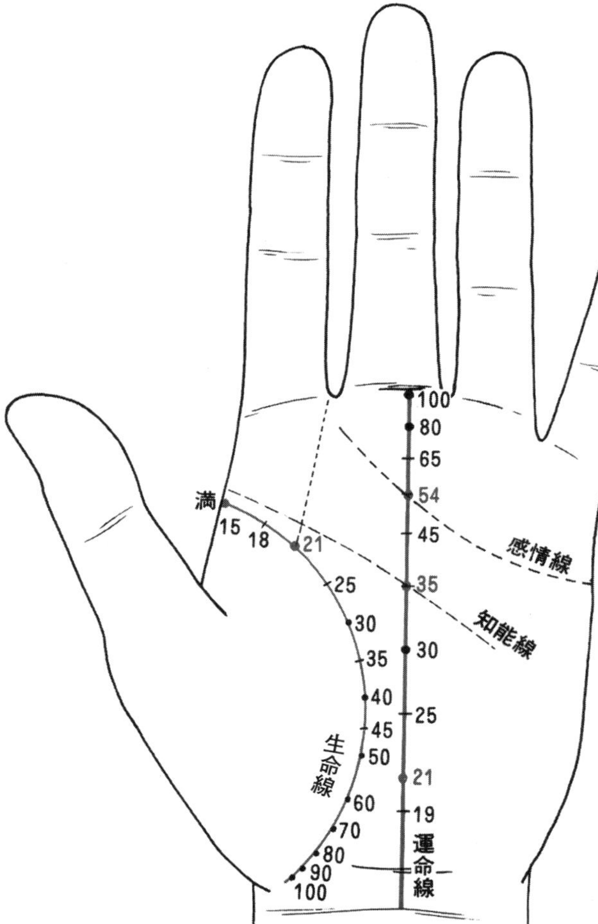
満
15
18
21
25
30
35
40
45
50
60
70
80
90
100
生命線
100
80
65
54
45
35
30
25
21
19
運命線
感情線
知能線

みちる解明の流年図

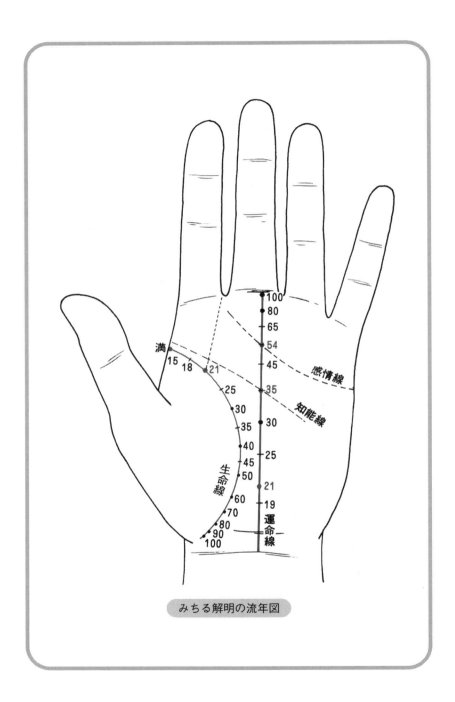

さで進んでいたのです。更に80代では7倍ぐらいになります。
それが人の潜在意識が感じている時間の感覚です。

★手相は潜在意識が写っている

手相は潜在意識が写っているので、その為、流年のきざみは年齢とともに1年幅が短くなります。
みちるは最終的に、その時間の感覚を踏まえて流年法を完成したのでした。

※潜在意識はその人の未来のことをすべて知っていて、それを手相に描いています。だから、よく当たります。

36歳で結婚して人生がガラリと変わる相とは!?

漫画の中で、同僚のS子さんの体験談がありましたが、彼女の36歳の結婚はどんな手相の印だったか、ご紹介しましょう。

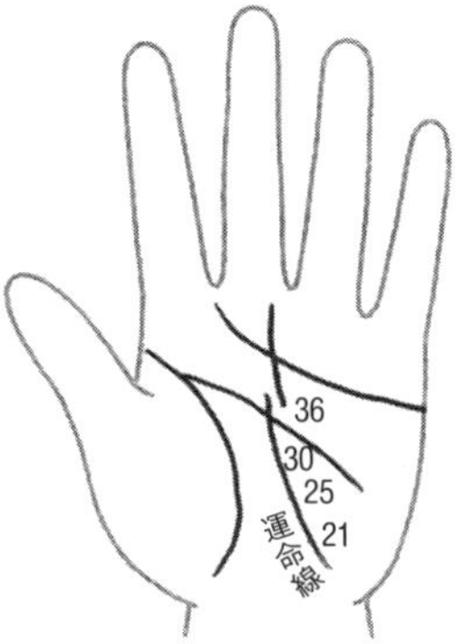

S子さんの手相

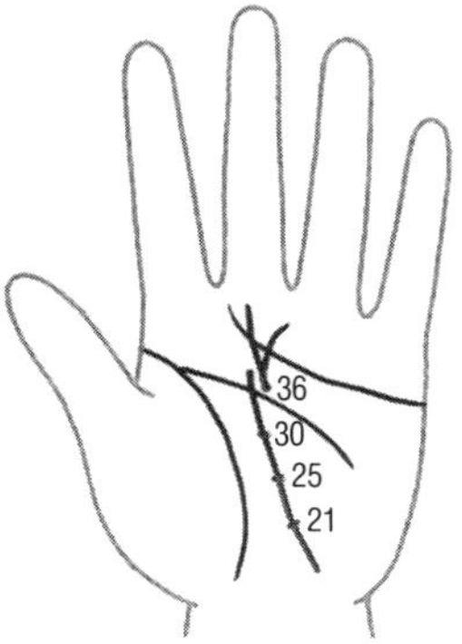

S子さんの結婚の印

★ハッピーな結婚。
それは運命線から出発する太陽線のスタート点に注目！

中指に向かう縦線が運命線ですが、この運命線から薬指に向かう支線が出ていたら、多くはハッピーな結婚です！
結婚以外にも、人生上の大きな幸運が起こります。

★人生の大変化！　それは運命線の食い違いに注目！

中指に向かう運命線の途中のズレ（食い違い）の流年で、運命の変化期がわかります。
小さいズレ（変化）なら、小さな運命や環境の変化。大きなズレ（変化）なら、大きな運命や環境の変化が起こります。
上図のようなひと目でわかるような大きな食い違いですと、人生上の大変化が起こります。
私はその印２つを見て、36歳の幸運な結婚と、同時に起こる大きな環境の変化を当てました。

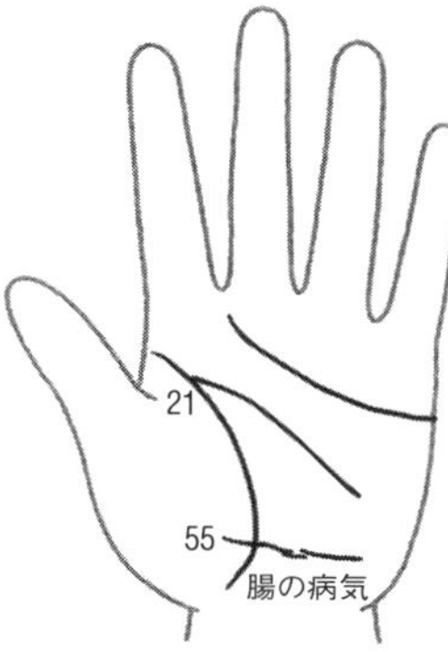

大腸がんの印

客で訪れたおじさんの大腸がんの印

漫画の中で腸のがん（大腸がんでした）を見抜いた手相の印を解説します。

★手のひら下部の横線は注意！

上図のような、横線が伸びて生命線を切っていると、生命線を切った流年での腸の病気の知らせです。上図では55歳で腸の病気。
この横線は生命線まで伸びていなければ、ただ腸が疲れていたり、ポリープが1～2個出来ているぐらいの状態です。
しかし、横に伸びて生命線を切っていたら、その年齢は腸の病気に要注意です。大腸がんの可能性が高いですね。

★病気を防ぐ方法は!?

横線が生命線を切っている人は、その病気流年（年齢）の3年ほど前に腸のポリープ検査を受けてください。
ポリープを内視鏡で発見と同時に、簡単に除去してもらえますので、3年後の大腸がんは回避できます。

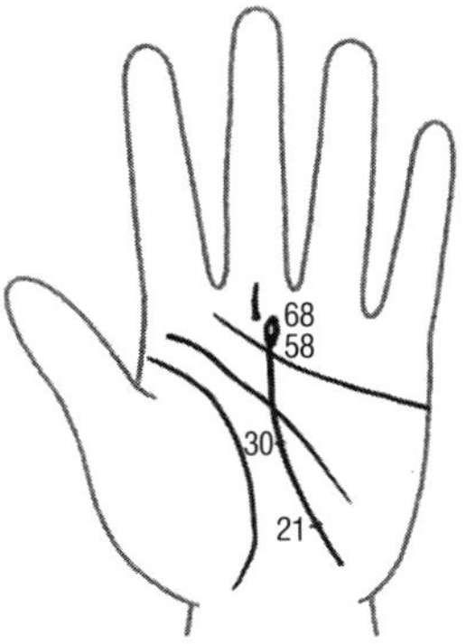

68歳で苦労から解放の印

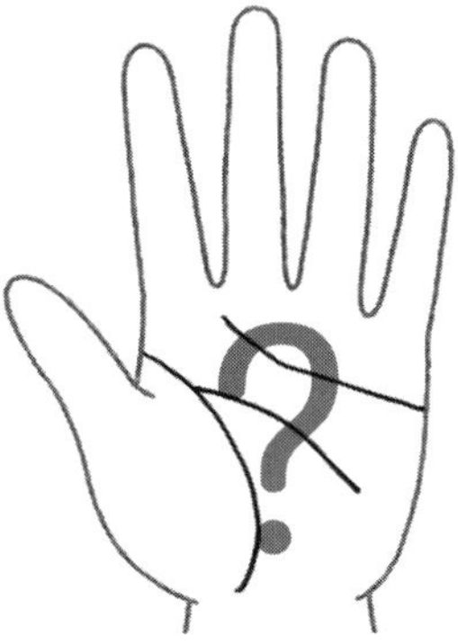
妊娠の印

生命線を切る横線（病気時期）が近い人は、お早めに腸のポリープ検査をお受けください。

★妊娠出産の印

漫画の中で妊娠の印や出産の印を当てていますが、この妊娠・出産の相については秘密です、スミマセン。

★68歳で苦労から解放された印

漫画の中で、71歳の有名な元バーのママさんに、68歳で色々な苦労から解放されたことを指摘した場面がありました。

★苦労から解放された年齢を見抜いたのは、こんな印

彼女の運命線を見ると、68歳の10年ぐらい前から島になっていて、それが母や兄の介護の印でした。※島…線上に出る楕円《だえん》の印。

またそれに加え、お店の営業も、年齢的に体がきつくなってきていた事があります。つまり、島の期間は自分の時間が思うように取れないとか、思ったようにいかないストレス期間でした。（ただしお店は黒字でした）※運命線が68歳で大変化。環境が大きく変化。

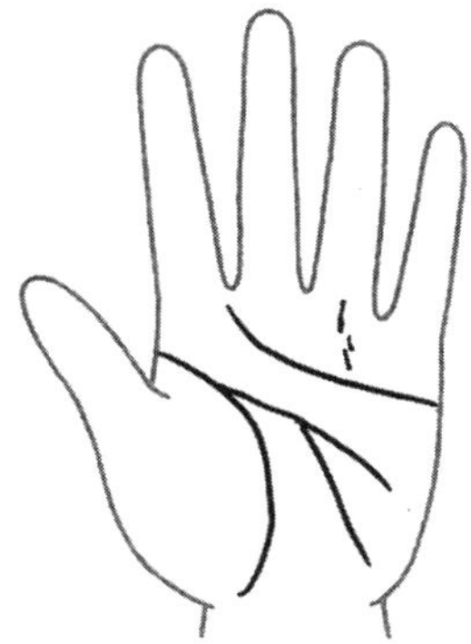

山田先生の金運　弱い頃

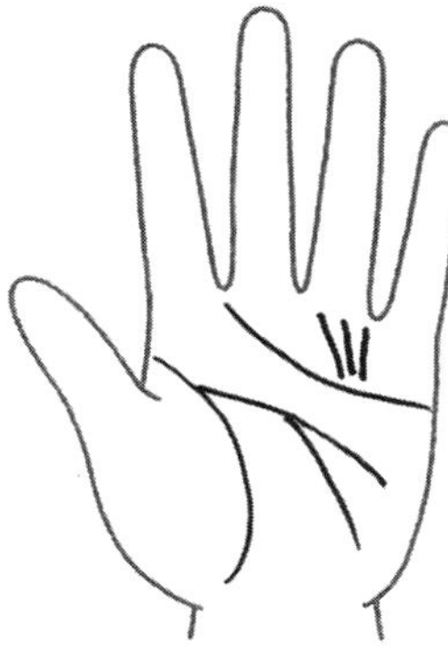

後に金運上昇の印が！

山田先生の金運の弱い頃の手相は!?

★金運はどこを見る?

金運を見るのは、上記の薬指の下の膨らみ（太陽丘）に出る太陽線です。

山田先生は当時、この太陽線（縦線）がチロッ……としか出ていませんでした。

それが数年後に拝見する機会があり、見ると、図のようにとても良い太陽線が出ていました。これはかなりの金運アップを知らせています。

★運気が大きくアップ!　そのワケは?

山田先生は、貧乏神の先祖を助け、マイナスの強烈な生霊《いきりょう》３体を除霊《じょれい》してもらったことで、急激に運気アップしました。

※なお、太陽線は金運が良くなってくると、何歳からでも出現してきます。努力を積み重ねていくことが大切です。

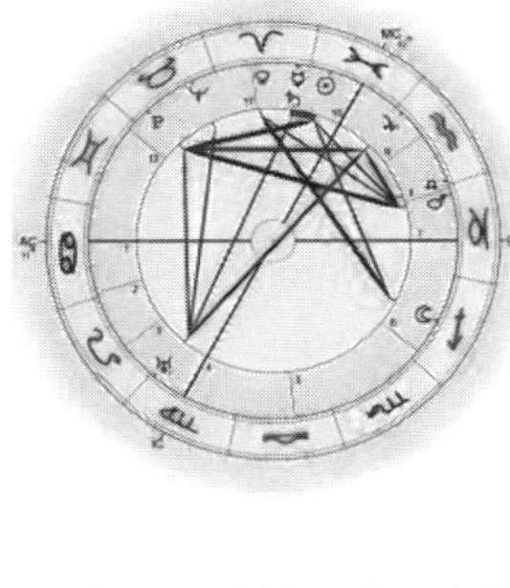

人が作った西洋占星術の宿命図
ホロスコープ

例：アインシュタインの2種

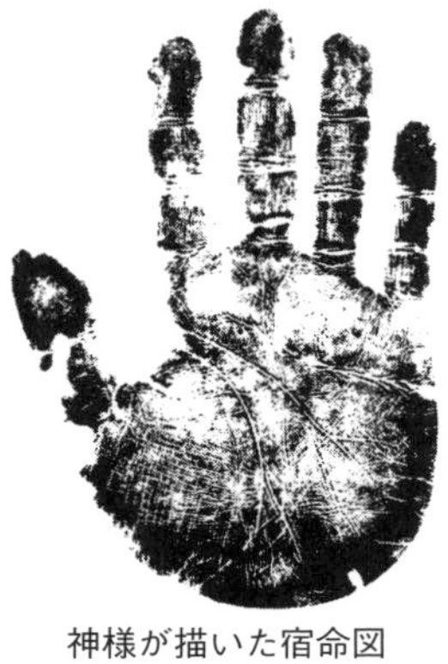

神様が描いた宿命図
手のひらのホロスコープ　手相

手相は手のひらに描かれたホロスコープ

★人が作った「宿命図」がホロスコープ

上図のような図を見たことがありますか？
これが人が作った運命を読み解く、西洋占星術の人生の宿命図ホロスコープです（人それぞれの図が出来ます）。
太陽系の12惑星の位置や動きで、運命を読んでいきます。

★神様が作った「人生の縮図」が手相

漫画の中でみちるの手相の指導霊シュバット・フェルツェンの言葉に、
「手相は手のひらに描かれたホロスコープである」と教えられるシーンがあります。解説しておきます。
一般のホロスコープは、人が作った「人生の縮図」です。
それに対し、手相は神様が描いた「人生の縮図」です。
手相の各指は、太陽系の惑星の波動を受けるアンテナで、その受けたプラス波動は、手相の丘のふくらみになって蓄えられます。
あるいは各指の下に出る縦線となって描かれます。

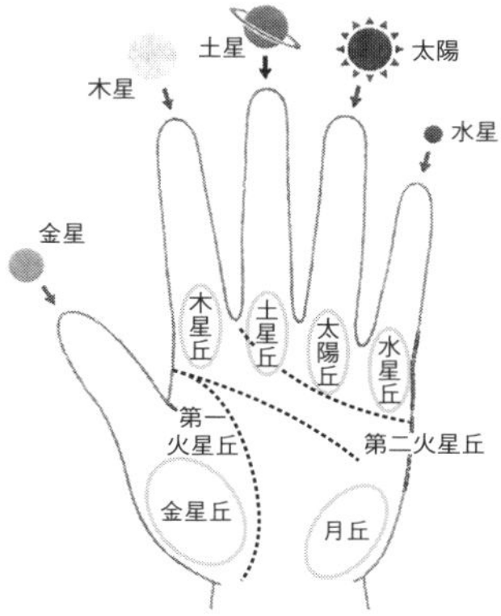

指は太陽系惑星のアンテナ

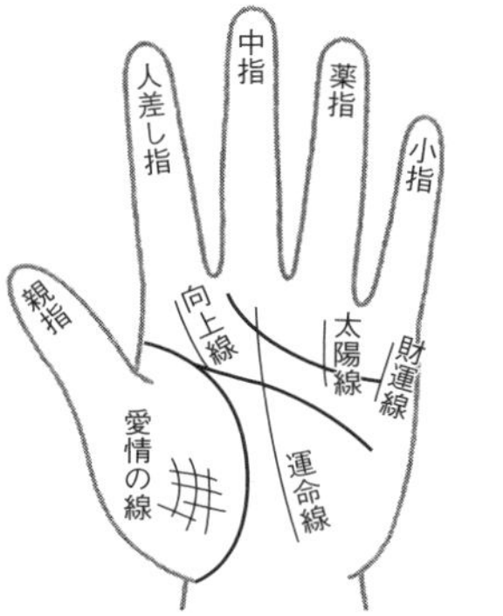

指と線の関係

手相の中に、人差し指―木星丘（向上線）、中指―土星丘（運命線）、薬指―太陽丘（太陽線）、小指―水星丘（財運線）、親指―金星丘（愛情の線）などがあり、太陽系の惑星と手相は密接な関係にあります。

そのことを、指導霊シュバット・フェルツェンが、みちるに伝えたのでした。

※アインシュタインの手相

生命線と知能線の起点が大きく離れています。それも両手とも。これは周囲が驚くような大胆な発想、行動力で時代を変えていく先駆者の相。また、海外移住や国際結婚をする人が圧倒的に多い。

※各丘や線についての詳しい内容は『的中手相術』（創文刊）をご参照ください。

※漫画の中で先祖を助けるシーンがあります。そこで「お金＝糞便《ふんべん》」と出てきますが、お金は欲望の対象である反面、人も自分も幸せにする大切なものです。正しく使えば、たくさんの徳が積めて、幸せになります。誤解のないように申し上げておきます。

第2章　ニューヨークへ

ついに来た——

日本で手相家としての実力をつけた僕は
世界中の民族の手相を見てみたいという欲求が抑えきれず
はるばるここNYまでやって来たのだった
cafe Bonheur
色々とお世話になりました
さみしくなるねえ

日本にいた頃
僕の手相鑑定は
有難いことに
申込みが絶えず
とても充実した
日々を送っていた
だけど――…
NYに
行きたい？
はい
ずっと
考えては
いたんです
鑑定を
続けているうちに
いつか海外でも
自分の実力を
試してみたいって

自分の流年法が世界で通用するか
どうしても確かめてみたいんです
程なくして僕は日本での鑑定の予約を全てキャンセルさせてもらい
はい
申し訳ありません
予約リスト
※大学は休学しました
NYへ飛び立つ事になった——

in NYの不動産屋
みちるくん！ ようこそ ＮＹへ
エマさん！
これが 家の鍵よ
分からない 事があれば 何でも聞いて
セントラルパーク 近くの47階建て アパートメント
ＮＹでの生活を スタートするに あたっては
日本で知り合った 現地在住の 不動産屋の女性が 色々とサポートしてくれた
今日からここに 住むのか…

キィ…
おー
家具は一通り揃ってるな…
今日からここで暮らすんだ――…
ふぅ…
NYに来てはみたものの――

果たして僕の手相鑑定は
アメリカでも通用するんだろうか——？
英語も勉強はしてきたけど
ちょっと自信ないな…
でもやるしかない！
着信
エマさん
ハイ
あ みちるくん 部屋はどう？

いい感じです
それは良かった
もし今夜空いてたら食事でもしない？
いいですね
私の知り合いも連れて行くから
RESTAURANT FOREST FAIRY
みちるくん！
迷わずに来れた？
エマさん
ちょっと迷いました
こちらはキャシーさん

みちるくんの話をしたら会ってみたいって
Hello!
Nice to meet you.
あとで手相見てあげて
もちろんです!
ワクワク
彼女が僕のアメリカデビューのお客様か…
どういう反応されるかな…

ふー
お腹いっぱい
では
手相を
見せて下さい
Oh!
右手？左手？
両方です
あ、
エマさん通訳
お願いします
わー
線が濃い…
わかりやすいな
30歳で結婚
したのでは？
Yes!
That's right!

あとは32歳で出産してますね
Great!
へー初めて見てもらったけど手相ってこんなに凄いのね…驚いたわ
あら…
ん?
わら
わあっ
何だ?
手相?
わら
わら

アナタ手相見るの？
キミ占い師？僕も見てくれよ
私も見てちょーだい
ぜひ相談したい事があるんだ
キミは日本人かい？手相って何なんだい？
ちょっと…みなさん落ち着いて
わら
わら
わら
え～っと……手相とはですね

結局その場に居合わせたお客さんのほとんどが手相に興味津々で
わ――――っ
鑑定の予約は取れるのか？
俺も俺も
いつなら空いてる？
僕のアメリカデビューは予想外の反響となった
はぁ～っ
あ～いっぱい見た～

みんなすごい勢いで来てくれたな…
※結局全員少しずつ見てあげました
アメリカで通用するか不安だったけど線の読み方はまったく同じだった
ちょっと安心したな…
きっと世界中で手相鑑定が求められる日が来る
そんな期待を抱きながらNY初日の夜は過ぎた——

Hi!
アフリカ出身
ベンさん
NYで本格的に
鑑定を始めて
最初のお客様は
ベンさんという
44歳の
黒人男性だった
今日はすごく
楽しみにして
きたんだ！
僕がNYに来た
理由のひとつ――
それは
世界中どんな人でも
手相の見方は
共通なのか？
では早速
見てみましょう
特に流年法は
世界中の人々が
同じ数え方でいいのか？
を知るため――

どうだい？
あ…
これは…
えーと…
42歳で
大恋愛の印が
入っていますね
フムフム…
やっぱり流年の
数え方は
人種関係なく
一緒だな…
!
その通りだよ！
42歳で出会った
女性と交際が
スタートして
今同棲中で結婚も
考えているんだ
Thank you!
その後も沢山の
鑑定をこなし──

あなたは32歳で幸せな結婚をなさってますね
Wow!そうなのとってもいい彼なのよ
アメリカ人女性
37歳で独立と出ていますが…
当たっているよ37歳で念願の自分の会社を立ち上げたんだ
ドイツ人男性
42歳から成功の道が始まっています
そうなんだよその年から事業がうまく行くようになったんだ
インド人男性

人種のるつぼと
言われる
ここＮＹで
あらゆる民族の
手相を見て
分かった事――
手相の線
だけでなく
この流年法は
世界共通
なんだ――！
ＮＹの街には
至る所に
占いの看板が出ている
お…
サイキックか
psychic
$100
あ…まただ
Astrology

もしかして日本以上に占いがメジャーなのかな？
僕は今日これから世界的に有名なサイキックのシンディーさんに会いに行く事になっていた
ここか…
Hi!
あら…？
Hello I'm Michiru
？

アナタ 何でも
わかる人なのに
何しに来たの？
これが
シンディーさんの
第一声だった
!
確認しに
来たんです
この方が
アメリカの
10大サイキックの
シンディーさんか…
何かいつも
身につけている物を
貸してくださる？
はい
時計とか
してないので
これを…

まもなく
あなたを
助けてくれる
Amiという人が
現れるわ
へぇ…
ところで
今日は何故
私の所へ？
知り合いの不動産屋の
女性の顧客の人が
シンディーさんに
見てもらったらしくて
ありえない条件と価格の
物件が借りられると
言われて本当に
そうなったと聞いて
それで気になって
来てみたんです
そう…それは
良かったわ

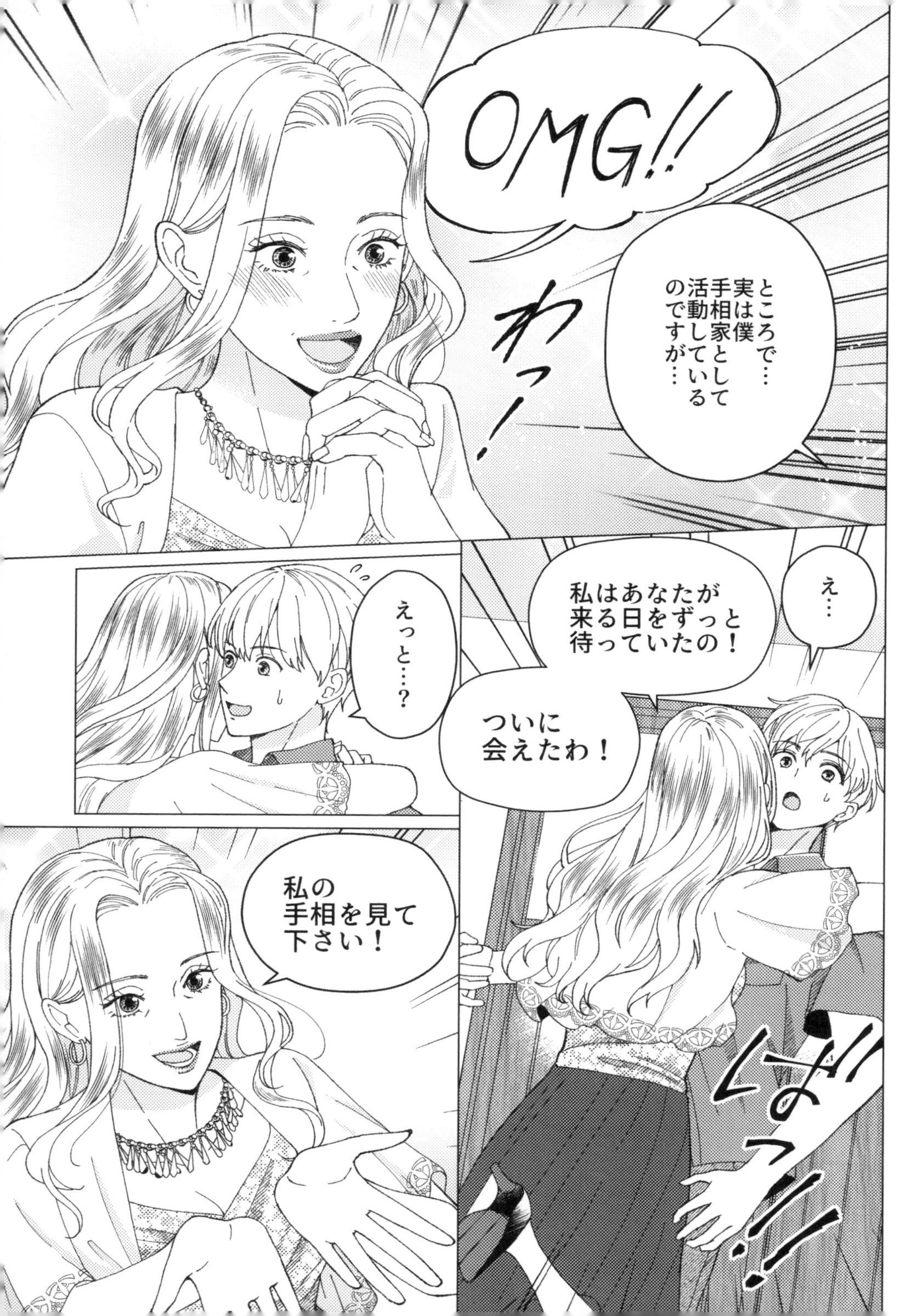
ところで…実は僕手相家として活動しているのですが…
わっ!
OMG!!
え…
私はあなたが来る日をずっと待っていたの!
ついに会えたわ!
えっと…?
ぱっ!!!
私の手相を見て下さい!

実は以前アメリカの有名手相家に56歳で死ぬと言われて…
もう大ショックで…毎日悩んでいたの あと４年後だなんて…
そうだったんですか…
では見てみましょう
どうしよう… もしそれが当たっていたとしたら…
なんて伝えようか…
どうかしら…
確かに生命線は短めだ…
だけどこれは…

あぁ これですね
手相をよく知らない人はこれを短命だと思い込んでいるけど
全然心配ありません
運命線が生命線をカバーしていて かえって長生きする相ですよ
Really?!
良かった!! ありがとう!!
がばっ
わっ
本当に本当にありがとう!!

実は…近々日本から
本物の手相家が訪ねて来る
というお告げがあったの
サイキックは
人の事は
よく分かるのに
自分の事は
分からないものよ
そういうものか…
そして
シンディーさんは
こんなメッセージも
伝えてくれた
みちる…
この先の
未来に
あなたに会いたがってる
何十万人もの人たちが
待っているのが視えるわ
その一ヶ月後
シンディーさんが言った通り
NY在住のアミさんという
女性が現れ
難しい通訳など
色々と手伝ってくれた
少しずつ
NYでの
生活にも慣れ
手相鑑定の
予約も
途切れる
事なく
順調な日々を
送っていたある日——

みちる！
今度有名な
音楽プロデューサーの
ジミー・ウィズナー
さんのトークショーに
行ってみたら？
アンさん
ジミーさんって…
ジミーさんはね
あの超有名な
B・ストライザントや
T・ベネットの
プロデューサーで
グラミー賞
NY理事だったの
NYで知り合った
音楽ジャーナリストの
アンさんにそう言われ
僕はジミーさんの
講演を聴きに行く
事になった
ジミーさん(69歳)

講演後――
ジミーさん！
ザワ
ザワ
こちら
日本から来た
みちるくん
彼はよく当たる
手相家なん
ですよ
ドキ
ドキ
こんにちは
お話とても
良かったです
ありがとう
良かったら
僕と妻の手相も
見てくれるかい？
奥さんの
ジェーンさん
もちろんです！

えーと…
28歳で幸運を掴みましたね
その年から一気に運が良くなってる
！
その通りだよ！
私は28歳の時にジャズピアニストとして有名になり人生が一変したんだ！
ワォ！すごいわね

君すごいね！
よかったら今度
食事でもどうだい？
ぜひ！
これがきっかけで
ジミーさんと
仲良くなり
その後も頻繁に
会う仲になった
いやーすっかり
君のファンに
なってしまったよ
よかったら僕と組んで
色々やってみない？
君の手相の能力は
もっとたくさんの人に
知られるべきだ
絶対に
ブレークするよ！
え⁉

そしてジミーさんという強力なプロデューサーの後押しもあり
in ABCラジオ局
僕はまさかの全米ラジオデビューを果たすことに——
ON AIR
さぁ今夜も始まりました「The MICHIRU show」
今夜のゲストはミュージシャンのチャーリーさんです！
まさかこんな日が来るとは…
5年のトンネルを抜けて今開運期です
やっぱりそうかい？詳しくは秘密だけど実は今すごくいい仕事の話が来ているんだ
毎週有名ゲストを迎えて手相鑑定をするこの番組は好評を博し——

ついには「手相の秘密」というCDまで発売
THE SECRET OF THE PALM
その影響は計り知れず
僕の手相鑑定にはたくさんの著名人も訪れるようになり連日満員——
Thank you!
ふ〜〜
たくさんの人が来てくれるのはありがたいけど
ちょっとハードかも…
今日は次のお客様が最後か
よし頑張ろう
予約リスト
ガチャ
Hello

Hi!
I'm Sarah
僕はこの女性と深い縁になる――
どうしました？
あ…いえ…
はっ
何故だかわからないけどそう確信した

ど、どうぞこちらへ
おかしいな…
今までこんな事なかったのに…
あなたのラジオを聴いて興味を持って会いに来たの
早速見てもらえる？
えーと…
何でこんな大金持ち相なんだ？
今のご職業は？

?
ただの
アルバイトよ
そ…そう
NYに
住んでみたくて
出身は
イタリアなの
へぇ…
いつか
行ってみたいな
いいところよ
とっても
ちなみに今の
年齢は？
18歳よ
若いな…
まてよ！18歳で
恋する印が
出てる…
その後一通りの
アドバイスを終え
鑑定が終わる頃——

今日はありがとう！
手相って面白いのね
自分でも
勉強してみたく
なっちゃった
それは
よかった
実は私
占いが好きで
タロットも
得意なの
結構当たるって
評判なのよ
あの…
そうなんだ！
?
会ったばかりで
こんな事
言うのも
アレだけど…

君とは何か縁がある気がするんだ
もし良ければ…
また会って話とかできないかな
ぽかん…
あっいつもはこうじゃないんだ
誰にでも言ってるわけじゃ…こんな事初めてで
いいわよ
にこっ
本当!?
今日は楽しかったし
また手相の話も聞きたいわ

そして僕らは二人で会うようになり
たくさんの時間を一緒に過ごした
ミ
迷い猫かしら？
パチッ
！
パチッ

パチッ
パチッ
ニコッ
ニコッ
ぴょん
ぴょん
ぴょん
ぴょん
※リピート×10
はぁ
はぁ
私はサラ
君は？

ぱっ
ニャーン
!
も～
困ったなあ
家に来る？
ペロ
ペロ
ハイどうぞ
ありがとニャ

！
アナタ 話せるの？
僕が話せるというより サラに聴こえる力が あるんだニャ
ミルク ありがとう
君 お名前は？
ないよ 名無しなんだ
家にいたければ いてもいいよ
本当!?
じゃあ ミーシャ！ ミーシャはどう？
OK
ゴロ ゴロ
♪
ミーシャ♪

みちる！
サラ
新しく家族になったミーシャっていうの
よろしくミーシャ
ニャア〜
ふふこちらこそって言ってる
分かるの？

キョロ
キョロ
どうかした?
なんだかさっきから誰かに見られている気がして…
えっ本当!?
ううん気のせいかもしれないわ
ズゥ…

襲え
??!
あの二人を
襲うのだ
襲え

クン……
何か不吉な
ニオイがする
タッ
え!?
どういう事？
みちる
危ないっ！

ち…
ちくしょう…

この野郎…
バッ
バタンキュー

お嬢様
大丈夫ですか!?
バタン
お怪我は
ありませんか!?
タタッ
え…
ええ…
お嬢様！
カーサル、
ヘーゼル
何故ここに？
はい 実は
お父様のご命令で
ずっとお嬢様を
見守っておりました
ご無事で
何よりです
そうだったの…
お父様やお母様は
元気にしてる？

はい お元気ですが お嬢様の事をいつも 心配なさっていて…
あの…
お嬢様って サラの事?
そうです
お嬢様はイタリアの 海運王の一人娘で
エーゲ海や世界の 多くの島を所有する 大富豪なのです

えっ！
道理で…
億万長者の
手相なワケだ…
びっくりしたニャ！
お嬢様
家までお送り
します
じゃあ
乗せてもらおうかな
こんないい車
初めて乗った…
楽ちんだニャ♪
ごろん
ごろん

あー道端で
運動したら
腹減ったな…
ヘーゼルは
空手８段
おっあそこに
美味そうな
ステーキ屋が！
Steak
うまそ～～
まーた
ヘーゼルのやつ…
ブォオオォン
まぁいーや
置いてこ
あれ？
ちょっと待って！
置いて行かないで！
ブォ

サラ
君って
やっぱり特別
だったんだね
そうかもね
でも特別扱い
されるのは
嫌いなの
ワン…
サラ
なんだかまた
不吉なニオイが
してきた
え?!

たぶん…さっきの
大男を操っていた
何者かの仕業だと思う
そう…
みちる
この車危ないそうよ
降りましょう
え?!
ヒソ…
パッ
サッ

お嬢様
今日のこの後の
ご予定は…
あれ？
お嬢様？
おっ お嬢様が
いないーー?!
わっ
ブ…ブレーキが
きかないっ

うわーーーーっ！
Times Square
Statue of Liberty
YANKEE STADIUM
Yankee Stadium
うわあっ
危ない！
ぶ…
ぶつかるっ
ドォーン!!

プシュ〜〜…
お…
お嬢様…
なんだか最近
おかしな事が
続くわ…
そうだ
みちる！
あなた前にCD
出してたわよね
あぁうん
ジミーさん
プロデュースの
私バンド
やりたかったの
一緒にやらない？
バンド!?

何か面白い事して気分転換しましょうよ！
私はピアノが得意だからキーボードかな
みちるは？
僕はベースなら少し弾けるけど…
歌はいけるよ！
じゃあ決まりね！
メンバーはカーサルとヘーゼルを誘えばいいわ
え!?
そして僕たちは忙しい日々の合間をぬって
音楽制作も始める事に――
今日から早速曲作りと練習始めましょ♪
ドラムはカーサル
※ヘーゼルはセンスがなかったためクビに

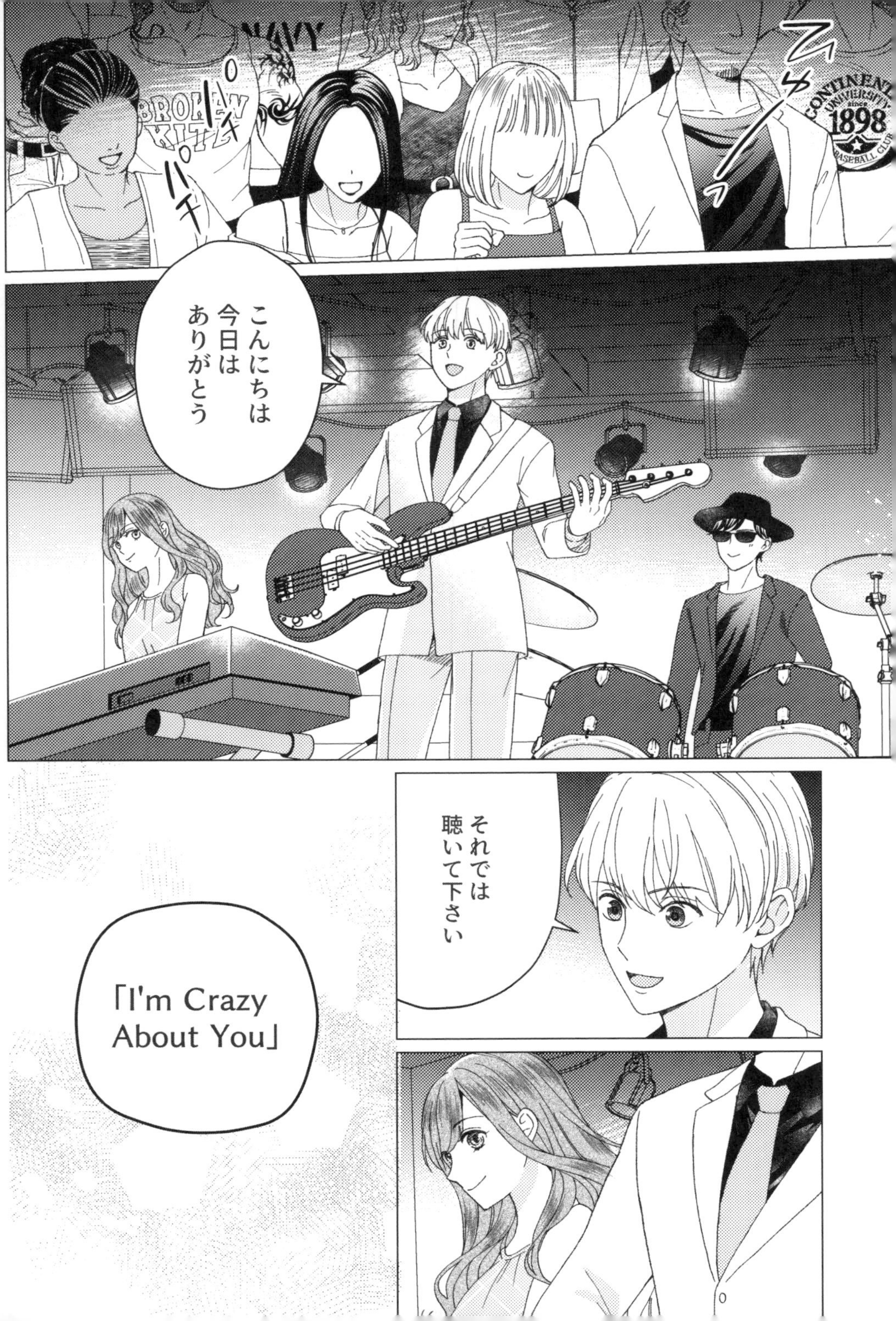
ひゅ〜っ
パチパチ
こんにちは
今日は
ありがとう
それでは
聴いて下さい
「I'm Crazy
About You」

I can throw away
everything in my life
for you,dear
君のためなら
僕の人生の全てを
捨ててもいい
I will charge my life,
You're all of me.
You deserve it, my sweet
I'll do anything,you need
only ask me.
僕は人生を変えるよ
君だけ 君は僕の全て
君はそれに値する人
君のためなら何でもするよ
何でも言ってくれ
Every day of my life,
is filled with my loving you.
I can't control my heart,
I'm crazy about you.
僕の人生の日々は
君への愛で満ち溢れている
僕は気持ちを抑えきれない
もう君に夢中

次の曲は?!
「You'll win the lottery」
「宝くじは当たるよ」
ワーワー

スゲーなあ…
お疲れさまです
お疲れ
いやー緊張したけど楽しかった
まさか自分がNYに来てこんな事するとは思わなかった…
私もだよ
サラと出会ってからより人生が豊かになったたっていうか…
ホントにありがとう
また面白い事しましょ

ライブ
楽しかったな…
NYに来て
しばらく
経ったけど
人生ってホント
何が起こるか
わからないや
そういえば
マスターや
日本のみんなは
元気かな…

僕がまだ日本にいた頃——
cafe Bonheur
…君
みちる君！
ハッ
はいっ
何してるの？
あすみません
実は最近
気になる事があると一日以内にその答えが降りてくるようになって
気になる事？

はい
手相だけでなく
あらゆる分野から
人生をより良くする
方法を見つけたくて…
毎日考えては
答えを探して
いたんですが…
降りてくる
って…
何か声でも
聞こえるの？
んー
聞こえると
いうより
心の中に
湧いてくる
ような感覚で…
すみません
仕事中に
これだけ
何事も熱心に
研究してれば
うん
うん
まあお客さんが
いない時なら
いいけど
そりゃあ
いろんな力が
目覚める
事もあるさ
マスターは
オカルト好き。

「インスピレーションノート」と名付けたそのノートや手帳は
約三年間で47冊にまでのぼっていった
運を良くする方法10
日々を過ごす中で生まれる数々の疑問――
「黄金の知恵」とはなんだろう…？
僕が天に疑問を投げかけると
その答えはインスピレーションとして突然やってくる
！
来た！

「時間を上手に楽しむ事…」？
ばっ
すぐに書かなくては「気」が変わってしまいせっかくのメッセージを受け取れなくなってしまう
「芸術的な人生を送ること」…
「自然の恩恵を活用する」…
メッセージが来ると僕はその場でノートや手帳にすぐにメモせずにはいられなかった

この不思議な現象は
大抵5～10分の
短いものだったが
数にして1日20回程
ある時は――
ブル
う～～さむっ
ブル
西国分寺駅
家についたら
温かい物でも飲もう…
!
来た…
あーもう少しで
我が家だ…
えーと
「徳を積むことの
大切さ」…
ガタ
ガタ…
徳を積むことの
大切

結局その時のメッセージはかなり詳しく伝えられ三時間にもおよび
ズズ…
僕…何やってるんだろう…
傍から見たら奇行…
一度集中すると時間が経つのを忘れた僕は気づけば全身雪まみれになっていた事も…
また別の日
夏休みの間だけ横浜の測量会社でバイトした時には——
おーいみちるくんポールあっちで立ててー
はーい
よしじゃあ次はここ
ハイ
!
ハッ

来た…
でも今
作業中…
……
…ごめん
なさいっ
ササッ
大自然の中で「気」が
良い所だからだろう
やたらとヒラメキが
止まらなくなり
社長がカメラの
ピントを合わせたり
数値を書き込む間の隙を
狙ってはメモを書く始末
でももちろん
それは
バレていて――
みちる君
もう手帳に書くの
やめようね
すみません…
でもやさしい
社長だった

そんな事が日常になり――
は～～…寝よ…
ふぁ…
!
昼夜問わずやってくるインスピレーションのおかげで
「生まれ変わり」について…
寝不足になる事もしばしば…
電車の中でも食事中でも
僕の意思にお構い無しでやってくるメッセージ…
山手線もう一周
お待たせしましたー
外食でご飯が冷める問題

このインスピレーションはどこから来てるんだろう…？
どうしても確かめたい僕は
再びなつき先生の所へ向かった
お久しぶりです
実はかくかくしかじかで…
——というわけでこんなメッセージを受けているんですが
ふむ…

このメッセージは平安末期に活躍した占い師八城初衛門行成という人物で
あなたをいろいろと指導している方のものですね
え…
あとこちらは千年前の中国で中国史上随一の手相家だった修卜仙人という方からのもの
それからこれはインドで修行していたベフマンという仏教の指導者のメッセージ
こちらはギリシャの哲学者マカリオスという人のものです
いわゆる指導霊たちがあなたの成長を願って次々インスピレーションを与えてくれているようです
みちる君あなたはよほど見込まれているのですね

そうだったんですか…
時や場所問わずのインスピレーションは
僕を鍛える為のたくさんの指導霊からの教育だったってワケか…
やがて3年程でそのスパルタ式メッセージはピタッと収まった
人生における大切なメッセージがたくさん書いてあるこのノートは僕の宝物
現象占い 夢判断
懐かしいな…
よしっ!
NYでの鑑定ますます頑張ろう!

それからもＮＹでの鑑定は続き――
激務と言える日々の中でもさらなる手相家としての実力を向上させるため
精力的に活動していた僕のもとに――
あ〜〜〜今日もいっぱい見た〜
ウトウト…
みちる
みちるよ
え？
ボー〜…

聞こえているか？
私だ
キョロ
キョロ
え…この声どこから…？
シュバット・フェルツェンだ
!!
え…どうして？
みちるよ
手相というのはアトランティス時代に完成したものだ
僕の守護霊…でもなんで声が聞こえるんだ？
アトランティス…？
※アトランティス…
約３万１千年～１万２千年前に存在した
今より高度文明を誇っていた大陸（水没）

手相の流年法もその時代に前世のお前が完成している
え…
今世はその仕上げに来たのだ
お前は過去その流年法を使ってアトランティスで手相家として活躍していた
かなりの腕前で有名な占い師であった
そ…そうなんだ
お前は今アトランティスに行かなくてはならない
え？でもどうやってそんな…
ニューヨークのクイーンズ区にタイムマシンを秘密裏に運行している会社がある

そこを訪ねなさい
タイムマシン!?
そんなバカな…
声…聞こえなくなっちゃった…
ハロー
ガチャ
あっサラ!
聞いてよ今こんな事が…
そして
思いもよらない僕の新しい旅が幕を開ける——

手相家 MI《ミ》CHI《チ》RU《ル》 手相解説

第2章

ニューヨークのさまざまな民族の手相紹介

鑑定した人たちの手相は、
毎回ノートに記録していました。

解説
挿絵 西谷泰人

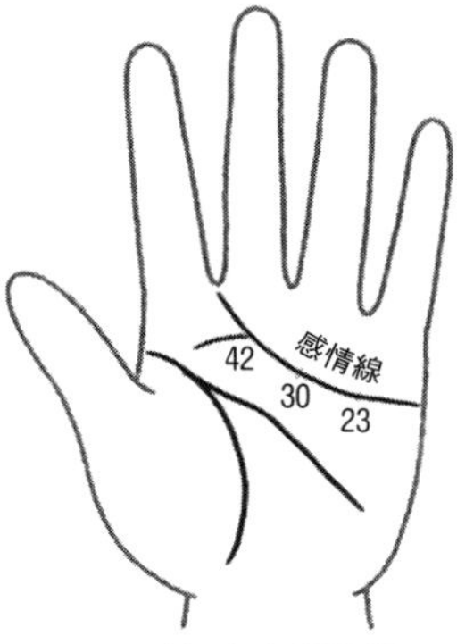

ベンさんの手相

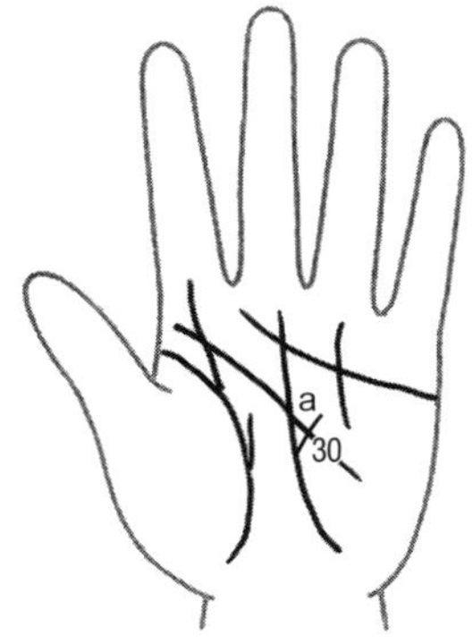

手相の線が濃くてハッキリ！

ニューヨーク手相デビューの日！

ニューヨークでの手相デビューの日に、キャシーさんの手相を鑑定しました。

★手の線が濃くてハッキリの人は⁉

手のひらの線が濃い人、ハッキリしている人は、陽気な性格で、自信家。積極的な人です。

合わせて小じわがないタイプなので、クヨクヨ悩んだりせず、サッパリした、体を動かすのが大好きな人。※結婚はａの印の30歳。

★ベンさんの大恋愛の印

ニューヨーク鑑定の初日にいらっしゃったお客様は、アフリカ人のベンさん（44歳）でした。

大恋愛の線が1本。42歳の流年にハッキリ入っていたので、それを指摘しました。

珍しく「感情線の流年法」を使って鑑定しました。

感情線に1本だけあった下向き支線で、大恋愛時期が読み取れます。

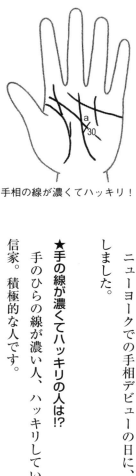

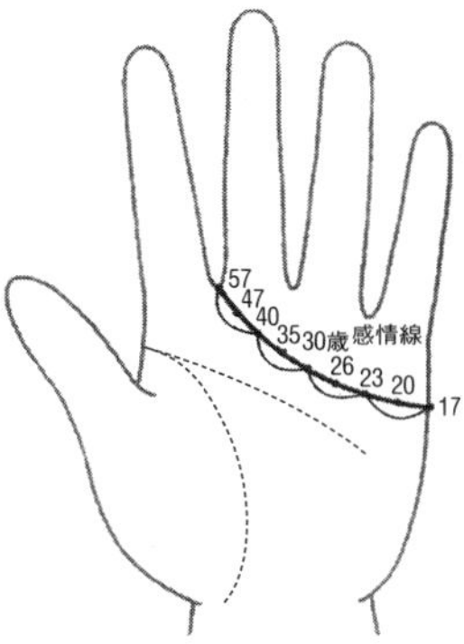

感情線の流年測定法

そして私が、「42歳で大きな恋をしたでしょ」というと、「そうです！」と言って、大変驚いていらっしゃいました。

細かい線が出にくいアフリカ系の民族の人の手相に、1本だけ出ていた支線は、特に印象深い恋愛だったのです。

ベンさんは、42歳の時に心から愛する女性と出会い、その人と今、同棲していることを話してくれました。

★感情線の流年法はこう見る！

私は生命線、運命線だけでなく、感情線の流年法も解明しています。その他、知能線や太陽線、結婚線の流年も全て解明し、私の著書で公開しています。

『百発百中 手相術』（西谷泰人著　日本文芸社刊）は、今述べた6つの線の流年法が解説してあり、お勧めの本です。

ベンさんの感情線の流年ですが、上の図のように読みます。

感情線から親指方向に向かう支線の年齢で大恋愛をします。

※上図の感情線の流年（4等分した年齢ポイント）を基に、あとは小割して、年齢を読んでください。

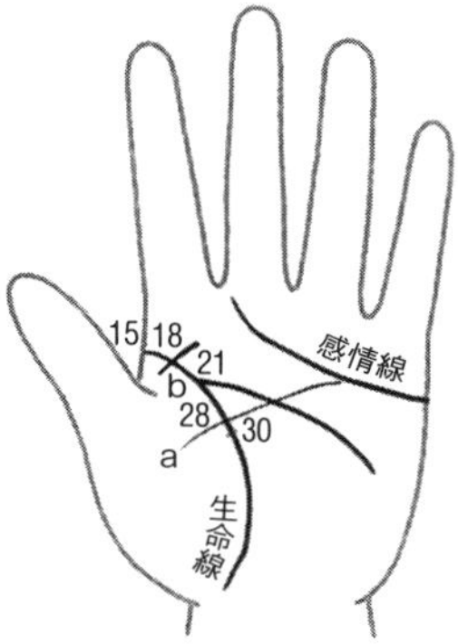

大恋愛の印

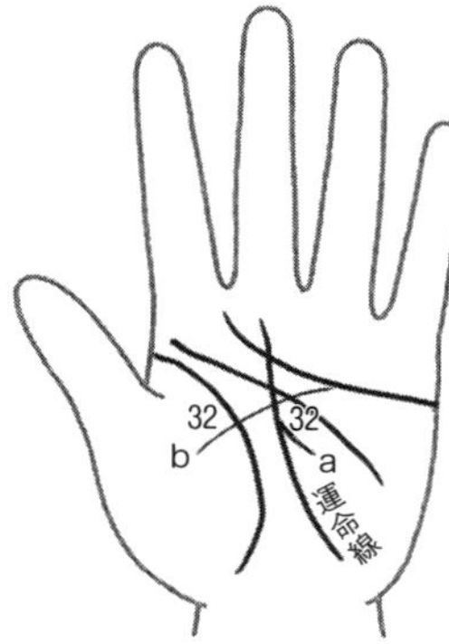

アメリカ人女性
結婚 32 歳の印

★32歳で幸せな結婚をしたアメリカ女性

上図のように、運命線の32歳地点に影響線aが流れ込み、これは恋が実る印。

また、感情線から伸びて生命線の32歳地点を切る恋愛線bが、彼女の32歳の大恋愛を教えていました。

このように結婚や恋愛の時期を教える印は、結婚年齢時期には、2つ3つ出ていることがほとんどです。

★大恋愛の印

上図のように、生命線上に感情線側から横切る線aは、恋愛線といい、生命線を切った流年で大恋愛をすることになります。

上図のケースでは30歳が大恋愛の年。

ただし、21歳ぐらいまでの若い年齢に出る恋愛線は、ほとんどの場合、上の図のような「単線b」で出ます。※上図のbは18歳の恋。

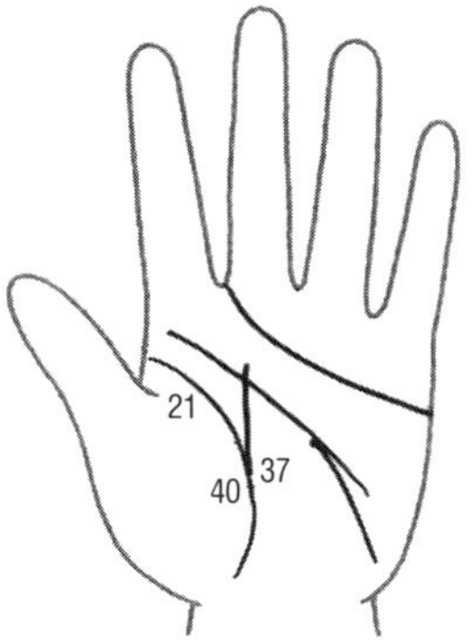

ドイツ人男性の手相

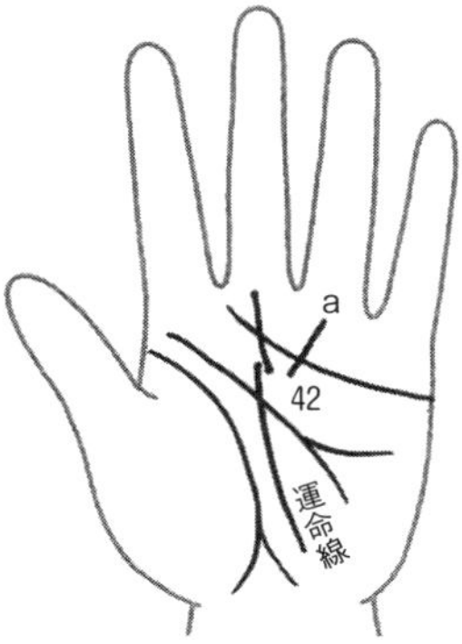

インド人男性の手相

★37歳で独立したドイツ人男性

このドイツ人男性は、独立した年に、生命線上の37歳で開運線（縦線）が上がっていました。

それを伝えたところ、ズバリ当たっていました。

★42歳から成功運がスタート！

このインド人の方の場合、運命線の42歳流年から、太陽線ａが運命線にカーブしながら沿う形で出ていました。

この太陽線ａの始まった42歳から、幸運期入りをしたことが分かります。それを告げると大変驚かれていました。

運命線も42歳で食い違い、運命の変化を告げていました。

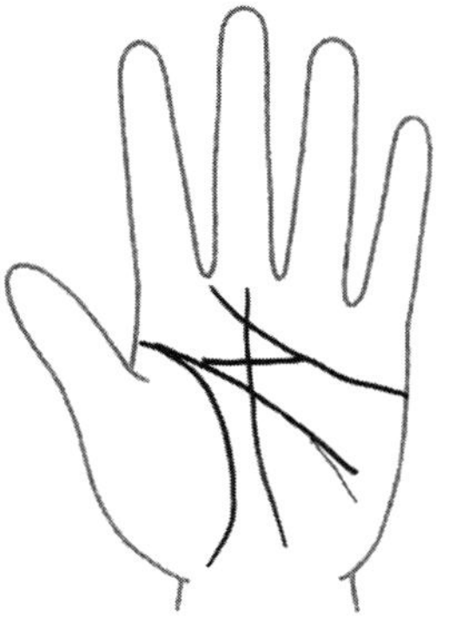

シンディーさんの左手

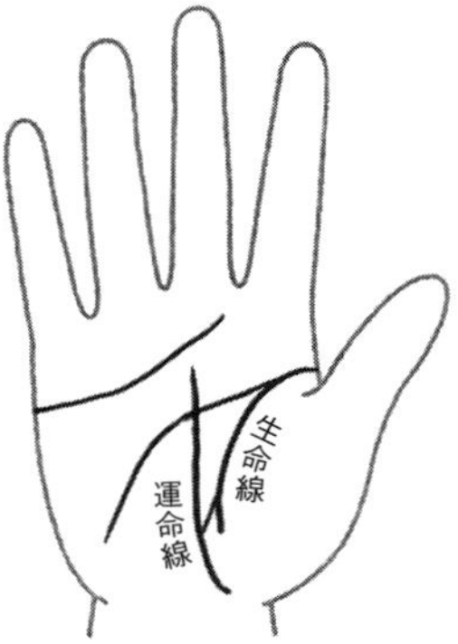

生命線短い!?

アメリカの10大サイキックのシンディーさんの手相

シンディーさんの生命線は、上図のように生命線が短く見えますが、これは運命線の下部が生命線の代理役としてカバーしていて、生命には全然心配のない相です。

生命線が短いと心配する人のほとんどは、このように短めの生命線を運命線がカバーしていて「心配ご無用」な吉相になっています。

またデタラメな流年を言う占い師、アメリカで有名らしいけど、人を傷つけるヒドイ手相家だなと思いました。

★先祖に守られている吉相

なお、このシンディーさんですが、有名なサイキック（霊能者）だけあって、左手にはしっかり神秘十字形がありました。

★神秘十字形

素晴らしい先祖や神仏の加護があって、守られている吉相です。

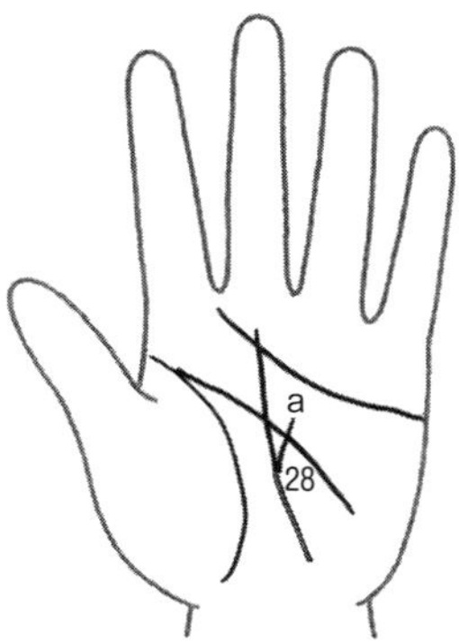

ジミーさん 28 歳の幸運の印

28歳でブレークしたジミーさんの手相

★ジミー・ウィズナーさんと運命の出会い

ジミーさん（当時69歳）の手相を見ると、運命線の28歳で太陽線aがスタートしていました。

その線を見て私は、開口一番、

「28歳で大きな幸運をつかみましたね」と言ったのです。

すると実際、28歳でジミーさんは、大きな名声を手に入れたそうで、私の言ったことに、とても驚き、興奮されていました。

手相は初体験だったジミーさん、それ以来、ジミーさんご夫妻と、しょっちゅう会う、大の仲良しになりました。

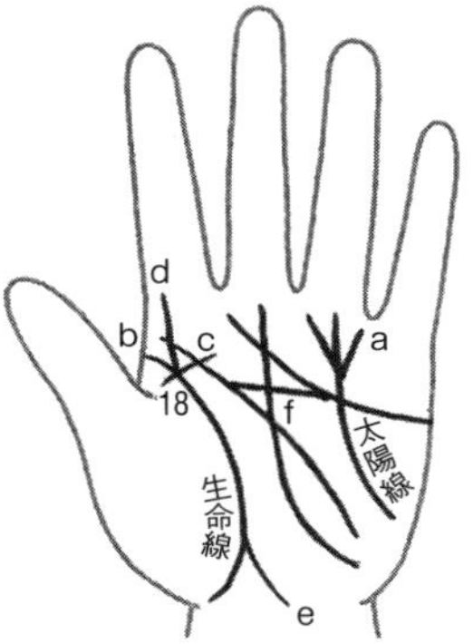

サラの手相

サラの手相は大金持ち相！

★大金持ち相の太陽線！

サラ（18歳）の手相は太陽線aが末広がりで、億万長者になる手相でした。

また、生命線と知能線の起点が、大きく離れた「離れ型b」でした。この「離れ型」の人の特徴は、大胆で行動的、怖い者知らず。そしてインターナショナルな感覚に溢れ、海外で暮らす人が本当に多いです。

また国際結婚をする人がとても多い、イタリアからニューヨークに来ていたサラの手相でした。

なお、生命線の18歳地点に恋愛線cがあり、みちるとの出会いの予告をしていた。また、その18歳で向上線dが上がり目標決定！

生命線下部から旅行線eがしっかりあり、生まれ故郷を離れて幸せを掴む相でもあります。

感情線と知能線に橋渡しの横線fがあり、変形マスカケ線になっています。

かなりユニークでスペシャリスト！　芸術家タイプです。

インスピレーションノート
47冊の中の一部

西谷泰人　YASUTO NISHITANI

手相家／作詞・作曲家
ライフコンサルタント
ゲット・ラック国際アカデミー主宰

■アメリカのABCラジオで数多くの有名人を鑑定、話題に。
これまで鑑定した人々は世界各国の政治家、財界人、文化人、芸術家、スポーツ選手とあらゆる分野に及び、その数は優に8万人を超える。
著書は海外でも翻訳され、売り上げ累計450万部以上に。

鑑定の問合せ、お申し込みは(株)創文まで。
下記ホームページからお申し込み下さるか、
電話：045-805-5077（10：00〜18：00　土・日・祭日除く）まで。
https://www.nishitani-newyork.com/

5000人のプロ占い師を育てた『西谷泰人 手相スクール』開催中！（方位学・人相も学べます）
―3か月後 あなたは手相家に―

手相家 MICHIRU 1 旅立ち編

発行日　カバーに記載

著　者　　西谷泰人
発行者　　西谷泰人
発行所　　株式会社　創文
〒245-0024　神奈川県横浜市泉区和泉中央北2-10-1
TEL. 045-805-5077　　FAX. 045-802-2408
印　刷　　美研プリンティング株式会社

ISBN978-4-902037-26-5　C0036